京津冀社会保障体系高质量发展研究

Research on High-Quality Development of Social Security System in Beijing-Tianjin-Hebei

张金峰◎著

中国出版集团
研究出版社

图书在版编目 (CIP) 数据

京津冀社会保障体系高质量发展研究 / 张金峰著
. -- 北京 : 研究出版社 , 2024.4
ISBN 978-7-5199-1678-7

Ⅰ . ①京… Ⅱ . ①张… Ⅲ . ①社会保障 - 保障体系 -
研究 - 华北地区 Ⅳ . ① D632.1

中国国家版本馆 CIP 数据核字 (2024) 第 088974 号

出 品 人：陈建军
出版统筹：丁　波
策划编辑：张立明
责任编辑：张立明

京津冀社会保障体系高质量发展研究
JINGJINJI SHEHUI BAOZHANG TIXI GAOZHILIANG FAZHAN YANJIU
张金峰　著
研究出版社 出版发行
（100006　北京市东城区灯市口大街100号华腾商务楼）
北京建宏印刷有限公司印刷　新华书店经销
2024年4月第1版　2024年4月第1次印刷
开本：A5　印张：6.375
字数：165千字
ISBN 978-7-5199-1678-7　定价：58.00元
电话（010）64217619　64217652（发行部）

前 言

社会保障是维护社会公平、增进民生福祉、实现全民共享社会发展成果的重要制度安排。党的十八大报告提出"统筹推进城乡社会保障体系建设",党的十九大报告明确指出,"全面建成覆盖全民、城乡统筹、权责清晰、保障适度、可持续的多层次社会保障体系"。党的二十大报告进一步提出了"健全覆盖全民、统筹城乡、公平统一、安全规范、可持续的多层次社会保障体系"的目标任务。从"统筹城乡"到"多层次社会保障体系",其核心均旨在推动我国社会保障事业的高质量发展。高质量发展是中国式现代化的本质要求,推动社会保障事业高质量发展成为全面建设社会主义现代化国家的应有之义。推动我国社会保障事业高质量发展在客观上对建设完善社会保险体系、社会救助体系、社会福利体系、健康保障体系、养老服务体系等提出了更高要求。

本书立足于我国全面建设社会主义现代化国家的时代背景,聚焦于贯彻落实京津冀协同发展重大国家战略的民生实践,结合对京津冀地区的实地调研,运用理论分析与实证分析,基于覆盖全民、分类分层、适度普惠、公平可及、协同高效等视角,针对京津冀社会保障体系高质量发展问题进行系统性深入探讨。本书共分五章,分别为建设覆盖全民的社会保险体系、完善分类分层的社会救助体系、健全适度普惠的社会福利体系、建立公平可及的健康保障体系、形成协同高效的养老服务体系。囿于作者所知有限,本书难免存在纰漏与不足,恳请各位专家学者予以批评斧正。社会保障功在当代,利在千秋。愿我国社会保障体系日臻完善,人人都能充分享有高质量的社会保障!

本书为国家社会科学基金一般项目(批准号19BSH182)阶段性研究成果,谨以此书献给关心和帮助我的人们!

目　录

CHAPTER 01 >>

第一章

建设覆盖全民的社会保险体系

建设覆盖全民的社会保险体系是社会保障事业高质量发展的客观要求。合理优化城镇职工基本养老保险个人补缴政策、平稳推进机关事业单位养老保险制度改革、促进城乡居民医疗保险实现应保尽保、统筹长期护理保险城乡一体化发展是建设覆盖全民的社会保险体系的重要方面。

第一节 合理优化职工养老保险个人补缴政策

城镇职工基本养老保险个人补缴政策具有一定的惠民性,旨在保障中断缴费人员的养老保险权益,有助于城镇职工基本养老保险制度覆盖面的扩大和养老保险基金的正常运转。结合对天津市的实地调研,本节考察了职工基本养老保险费个人补缴政策在实践运行中存在的补缴条件限制过严、滞纳金征收额度较高、补缴信息普及度不高、补缴集中于达到最低缴费年限等问题,并提出了相关完善建议。

一、政策背景

城镇职工基本养老保险是社会养老保险制度的重要组成部分，与广大参保者的晚年生活保障密切相关。随着社会经济的不断发展和就业结构的多样化，个人缴费群体被逐步纳入城镇职工基本养老保险制度之中，即个人可作为独立的参保群体参加城镇职工基本养老保险（以下简称基本养老保险）。2011 年天津市人力资源和社会保障局发布《关于完善职工基本养老保险制度的若干意见》（津人社局发[2011]50 号），进一步规范了基本养老保险的参保人员范围："各类用人单位及其职工（含农籍职工）应依法参加职工基本养老保险，无雇工的个体工商户、本市户籍的非全日制从业人员以及其他灵活就业人员可以参加职工基本养老保险"。随着基本养老保险的参保人数逐年增加，由于种种原因，基本养老保险中断缴费的现象也较为普遍。中断缴费人员主要包括企业职工、失业人员和灵活就业人员等。为了使已参保者尽可能达到政策规定的最低缴费年限，避免养老金权益损失，基本养老保险补缴政策应运而生。由于企业职工的基本养老保险费补缴工作主要由企业负责，个人补缴者则成为补缴群体的一大生力军。天津市基本养老保险个人补缴政策伴随个人参保群体的出现而产生，并散见于各项政策文件之中，不断进行补充调整，但统一完整的补缴政策尚未出台。

二、职工基本养老保险个人补缴政策运行状况

天津市现行的基本养老保险费个人补缴政策为中断缴费人员提供了补缴渠道，促进其及时接续养老保险关系，有利于基本养老保险费的及时征收和养老保险基金的正常运转，具有一定的惠民性。为充分了解天津市基本养老保险费个人补缴情况，本节访谈了天津市社会保险基金管理中心 K 分中心（以下简称 K 社保中心）的工作人员和个人补缴者，获得的一手资料数据和信息有助于全面客观地分析个人补缴政策。

（一）个人缴费人次及补缴金额占据重要分量

基本养老保险费的补缴群体包括企业、事业、机关、社会团体和个人，其中个人缴费窗口成为个人缴纳基本养老保险费的主要渠道。据K社保中心工作人员反映，由于一开始补缴政策尤其是单位的补缴政策管理比较宽松，所以补征金额较多，后来随着补缴管理逐步严格，种种条件限制增加，能够补缴的单位和个人及其补缴额减少，补缴政策建立的准入机制对基本养老保险费的补缴人群范围和补缴金额有着直接且重要的影响。

从对工作人员的访谈中了解到，K社保中心每年的基本养老保险费个人缴费人次逐年增加，这反映出个人参保群体规模的不断增大。由于个人缴费人次包含正常缴费人次和补缴人次，因此这也在一定程度上反映了个人补缴人次的增加。相关工作人员表示，个人补缴业务约占K社保中心每月业务工作量的40%左右，且大体稳定地保持在这一水平。另外，个人缴费窗口的补缴额在总补缴额中始终占据较大比重，最高时约为82.4%，平均补缴额达4211.41万元（见表1－1）。由此可见，个人补缴政策的受众面较宽，有很大一部分人都是通过自己缴纳基本养老保险费来对自己的老年生活进行保障；同时，个人补缴者具有较强的基本养老保险参保需求，在养老保险补缴群体中占据重要分量，为基本养老保险制度注入了生机与活力。

表1－1　K社保中心养老保险补缴额　（单位：万元）

项目	最高值	最低值	平均值
个人缴费窗口	5423.66	3540.08	4211.41

数据来源：根据调研整理而得。

（二）个人对补缴政策规定趋于默认

基本养老保险费的个人补缴群体主要包括无雇工的个体工商户和灵活就业人员，其中灵活就业人员需要有天津市城镇户口，且非中断的年限不可补缴，这意味着如果个人之前从未参加过基本养老保险，补缴的时间界点是首次参保之后。若达到退休年龄时基本养老保险参保年限不足 15 年，只能进行后延缴费，这项补缴条件限制等于变相延长了晚参保者的退休年龄。对于这一系列的补缴政策规定，受访者大都从个人利益角度出发，或者觉得无所谓，只要自己能退休就行，或者不愿表达个人意见，还有的补缴者表示比较认同。究其原因，一是受访者大都处于补缴政策范围之内，能够通过补缴来保障自己的养老权益，不能补缴的情况较少，补缴条件限制较少影响其切身利益；二是深受“按政策办事”的心理影响，个人补缴者的权利意识和政策反思能力较弱，完全默认政策规定。

（三）按时退休的补缴初衷较为明显

在问及补缴原因时，受访者的首要原因都是为了能够正常退休，认为是否补缴直接关系到退休后有无养老金，由此可见个人补缴者按时退休的意愿比较强烈，因接近退休年龄时最低缴费年限不足才想到补缴。这也暗示着退休时缴费年限满 15 年的个人参保者中也有一部分人可能不会选择补缴，是否补缴取决于个人意愿，与个人收入水平、保险意识等因素相关。补缴者中也有部分人表示会在经济条件允许时增加保费，以保障退休后的生活水平，意识到补缴对于自身养老保险权益的重要性。这虽属于通过补缴才意识到基本养老保险重要性的“后知后觉”，但由此可以看出在基本养老保险制度运行过程中，个人参保缴费意识在逐步增强。受旧政策影响，也有极少数补缴者认为现在退休金的上涨仍为“五年一杠”，[1] 为凑满工龄，日后能多领取点退休金而选择补缴，由此可知基本养老保险政策对部分参保者仍具有一定的信息滞后性。

---

[1] 天津市旧政策在退休人员涨工资方面实行“五年一杠”，即按工龄涨工资，满五年一个标准。例如，15 年到 20 年工龄涨 100 元，20 年到 25 年工龄涨 130 元，25 年到 30 年工龄涨 160 元。

三、职工养老保险个人补缴政策运行中的问题及原因分析

(一)补缴条件限制较严,部分意向者被拒之门外

个人补缴者是基本养老保险费补缴群体的重要组成部分,具有较大的补缴需求,但现行的补缴政策对补缴条件进行了一系列限制。基本养老保险的个人补缴条件限制主要表现在对中断缴费年限和城镇户籍的限定。

其一,非中断缴费年限不可补缴。天津市现有政策将中断缴费记录作为个人补缴基本养老保险费的必要条件,特殊情况除外(如之前在机关事业单位或社会团体工作、原上山下乡知识青年返城或军人退役等),这意味着个人新参保者不能向前补缴。若达到退休年龄时基本养老保险缴费年限不足15年,个人则只能通过后延缴费来进行弥补,这项规定意味着不足最低缴费年限的人需要付出晚退休的代价,有变相延长退休之嫌。另外,对"中断缴费年限"的限定虽然旨在激励人们尽早参加基本养老保险,但其忽略了个人之前未参保的现实原因,如养老保险信息普及面窄、无经济能力、企业未为职工及时参保等,从而使养老保险制度的发展成本和原应由企业承担的责任被转嫁到个人身上。虽然天津市在扩大基本养老保险的覆盖面方面已取得一定成果,但这种覆盖面仅限于参保人群的横向增大,而实际缴费人数与参保人数仍有一定差距,补缴条件限制产生的现实激励作用有待考究,并且单个参保者参保年限的纵向覆盖面参差不齐。参保者起点的不公平进而导致过程和结果的不公平,虽有个人原因,但国家应尽可能将这种不公平缩小,利用再分配达到经济和社会角度的补偿性公平,保障每个人的养老保险权益。[1]

其二,补缴受天津市城镇户籍限制。天津市出台的一系列个人补缴政策都与户籍挂钩,明确规定以个人身份补缴基本养老保险费需具有天津市非农业常住户口,直接将外省和本市农业户口的灵活

[1] 李珍:《社会保障理论(第二版)》,中国劳动社会保障出版社2007年版,第36页。

就业人员排除在外。虽然2013年出台新政策,允许符合一定条件的农业户籍职工在个人缴费窗口缴纳并补缴基本养老保险费,但补缴基本养老保险费依然具有较大的户籍限制。一方面,外来人口已成为天津市人口增量主体,为经济社会的发展做出了重要贡献。灵活就业形式在外来人口就业方式中占据相当比例,但这部分人群因为户籍问题难以参加基本养老保险,其养老状况令人担忧。另一方面,对天津市农业户籍者的补缴限制也有失公平,阻碍了有条件的个人追求更高养老金待遇的权利。对于补缴基本养老保险费的户籍限制源自现存的养老保险制度和户籍制度规定。我国的社会养老保险制度包括城镇职工基本养老保险和城乡居民养老保险。用户籍将养老保险制度进行城乡区分,容易造成以下两种局面:首先,在城镇灵活就业的农业户籍者难以享受到更高水平的基本养老保险待遇和实现市民化;其次,有单位的农籍职工既可以参加基本养老保险,又可以参加城乡居民养老保险,可能出现重复参保的现象。由于这两种养老保险制度之间缺乏信息对接和良好的转换渠道,可能导致保障不足与保障重复的现象并存。

(二)滞纳金征收额较高,补缴群体负担沉重

作为对未及时参保的一种惩罚,个人补缴基本养老保险费时需缴纳一定的滞纳金[1]。天津市政策规定“补缴当年养老保险费的,免收保值费用。跨年度补缴养老保险费,按以下标准加收保值费用,并按历年计账比例计入个人账户:补缴2011年6月30日以前养老保险费的,按照社会平均工资的增幅加收保值费用;补缴2011年7月1日以后养老保险费的,按日加收万分之五的保值费用。”基本养老保险费的补缴金额等于原应缴纳金额与保值金额之和。事实表明,越早补缴,则缴纳的滞纳金越少。同时,滞纳金已成为影响部分低收入

[1] 2011年7月1日《社会保险法》实施之前天津市称之为保值费用,之后统一称为滞纳金。

群体补缴养老保险费的一大主要因素，部分中断缴费时间较长的人群往往因难以承受高昂的滞纳金而不得不放弃补缴。

基于不同的立场和考虑，工作人员和个人补缴者对滞纳金的态度有所差异。工作人员认为滞纳金应该加收，但实践中的惩戒力度的确有些偏大。一方面，补缴政策是国家统筹安排的一种旨在满足中断缴费人员补救需求的现实举措，而滞纳金是由社会保险精算之后得到的数据结果，以确保养老保险基金的正常运转和保值增值。政策考虑到了相关的各方面利益因素，照顾的是大多数人的利益，滞纳金虽然不低，但是多缴多得，滞纳金会按一定比例划入个人账户，最终使补缴者受益。另一方面，作为对未及时参保的一种惩罚，滞纳金的征收虽无可厚非，但加罚力度未免有些过大，令一些有意补缴者望而生畏。补缴群体中有一部分属于中低收入者，他们没有稳定的经济收入保障，滞纳金无疑会令其生活雪上加霜。因此，一些工作人员认为，滞纳金应该适当减免，但不能不收。由于涉及自身利益，个人补缴者对滞纳金政策较为敏感和抵触，甚至表现出不满情绪，有很大一部分人群因为难以负荷滞纳金而不得已放弃补缴，即使有能力补缴者通常也是按照最低档进行补缴。

（三）补缴信息普及度不高，补缴政策认知模糊

在补缴信息来源方面，来源渠道与补缴者年龄具有一定关系。30－45 岁之间的个人补缴者大都从网上查询并获得相关补缴信息，并认为官网的信息具有一定滞后性。45 岁以上的个人补缴者的补缴信息来源于街道、电话咨询等。由此可见，补缴信息来源趋于碎片化，且渠道较少，没有统一完整的信息公布平台，使得个人补缴者对补缴信息乃至养老保险信息不甚了解，极易导致个人参保者无意间错过参保缴费良机，成为补缴一族。

补缴信息的低普及度进而导致补缴政策的低认知度。现实中，个人缴费者对基本养老保险的补缴信息了解较少。受访的个人补缴者对补缴程序大致了解，但大多是被动性政策认知，因为涉及自身利

益，所以在补缴时与相关部门的交涉过程中了解到补缴程序，这意味着没有实际补缴的中断缴费者对补缴政策可能处于无知状态。对补缴信息了解的个人补缴者大多也只是一种模糊性的认识，不辨补缴基数与补缴金额，也不知道具体的缴费比例，因此存在大量的补缴者误把补缴基数当补缴金额的现象，他们的补缴行为更多地表现为一种“政策指示下的行动”，不知其然，亦不知其所以然，这种情况在中老年补缴人群中表现得更为明显。

（四）补缴初衷趋于短视化和功利化，满足于最低缴费年限

基本养老保险费个人补缴政策在一定程度上照顾到了中断缴费者的利益，有利于其及时接续养老保险关系，增加缴费年限的连续性，保障退休后的基本生活，具有一定的惠民性。达到基本养老保险最低缴费年限虽是补缴政策的基本目的之一，但现实中部分个人补缴者的补缴初衷过于短视化和功利化，“仅为退休而补缴”的现象不在少数。一般个人补缴者补缴基本养老保险费的首要原因都是为了能够正常退休，并表示在有条件的情况下会选择多缴纳养老保险费，以保障退休后的生活水平。但也有一大部分人是因为其基本养老保险最低缴费年限不足难以办理退休才想到去补缴，补缴初衷的短视化和功利化最终导致补缴意识和补缴行为的滞后性，其补缴行为更多地表现为一种“临时抱佛脚”现象。基本养老保险多缴多得的激励作用在部分补缴者身上无从体现，他们“只求退休”，满足于达到最低缴费年限即可。

四、完善职工基本养老保险个人补缴政策的对策建议

（一）制定统一的补缴政策

天津市基本养老保险费补缴政策变化较快，缺乏整体规划下统一完善的补缴政策，使得个人的补缴行为深受政策因素影响。现有政策只是在以往政策的基础上“打补丁”，极有必要出台一项完善的基本养老保险费补缴政策，对补缴人群、补缴条件、补缴程序和补缴

费用等进行统一规定，以提高个人补缴者的政策认知度，确保补缴工作的顺利进行。此外，补缴政策内部要相互协调，并与养老保险的长期发展规划相适应，避免政策间的自相矛盾。因此，补缴政策的制定应符合养老保险制度设计的初衷，保障每个公民的社会保障权，消除不同社会阶层或者群体之间的"身份"等级差异，[1]确保制度公平性，将补缴机制惠及更多国民。

与此同时，还应建立补缴政策完善机制。考虑到补缴结果的产生既有制度因素，也有个人因素，国家需要对基本养老保险制度普及过程中产生的补缴问题负责，补缴政策的落脚点应归于鼓励及时参保。因此，政策主流还是应倡导参保者及时缴费，补缴政策并不是长久之计，当其运行到一定阶段，特别是全体国民个人参保意识普遍增强时，可将其逐步退出政策舞台，仅保留部分补缴窗口以备不时之需。[2]

（二）适当放宽补缴条件限制

基本养老保险费补缴条件的制定应体现一定的灵活性和人性化。应建立补缴准入机制，在维护大多数人养老权益的情况下尽可能照顾到社会弱势群体的养老权益，兼顾整体社会公平，从而有助于进一步扩大基本养老保险的制度覆盖面。

首先，逐步减弱户籍限制，允许有经济条件的农业户籍人员参加基本养老保险，并补缴中断缴费期间的基本养老保险费，享受更高水平的养老保险权利。这需要建立健全城镇职工基本养老保险制度与城乡居民养老保险制度之间的转移接续机制，使进城务工的农籍灵活就业者享受到与城镇职工相同的养老保险参保权利和保险待遇；

---

〔1〕 郑功成：《中国社会保障改革与发展战略》，人民出版社 2008 年版，第 18 页。

〔2〕 杨健：《转型期我国社会保障体系发展建设研究》，世界图书出版公司 2015 年版，第 45－47 页。

建立灵活的退休档案管理转移机制，避免因档案归属地不明而导致个人缴费者难以正常退休的现象发生；完善基本养老保险关系省际流通机制，使外省市进津务工者的养老保险关系能够完整记录并随身携带，避免因制度原因导致保险关系中断现象发生。

其次，灵活对待补缴政策对中断缴费年限的条件限制，允许符合一定条件的首次个人参保者向前补缴。这在政策执行方面虽然具有一定难度，但亟需进一步探索研究。对于当初确实是因为无经济承担能力、企业未及时参保等非主观故意原因而未参保的个人补缴者，通过其提供当初的收入证明或领取低保证明、在某一企业的劳动关系证明等，允许其补缴起始缴费时间之前的一定年限，并通过社保知识教育增强其参保意识，并予以信用记录。如果日后出现故意中断缴费现象，则不再允许其补缴中断期间的养老保险费，以激励有意参保者及时参保，增强缴费意识。应对未按时缴费的特殊群体核定视同缴费年限或特殊缴费年限，如照顾幼儿、年老或残疾亲属等，[1]并按一定比例（如80%）折算为正常缴费年限，以降低特殊群体的补缴年限，从而使补缴政策更具人性化。

（三）多渠道减免滞纳金和降低补缴负担

滞纳金作为激励个人参保者及时缴费的一项政策，其征收虽无可厚非，但考虑到补缴人群的现实承担能力，有必要对其进行一定程度的减免。首先，可通过包括养老保险基金结余、财政补贴等渠道进行滞纳金减免。天津市基本养老保险基金累计结余呈逐年增长趋势，地方一般预算收入也在逐年增加，这些都为滞纳金的减免提供了丰富的资金来源渠道。通过将资金在不同领域内进行再分配，可以在不使任何一个社会成员境况变坏的前提下使得个人补缴者的境况变好，照顾到社会弱势群体的切身利益，进而达到帕累托改进，增加

[1] 范围：《基本养老保险缴费年限制度研究》，载《社会保障研究》2012年第2期，第125－133页。

全社会的福利水平。建议减免比例应与个人补缴者的收入水平相关,收入越低,减免比例越高,但不能损害及时参保的激励机制。

同时,可借鉴其他地区的先进做法,变放任为主动,规定在一定时期内补缴少缴或免缴滞纳金,激励个人及时补缴基本养老保险费,享受政策优惠,以增加基本养老保险基金收入并及时进行保值增值,而不是后续放任个人的零散补缴,由个人补缴者承担基金增值费用。这样可在制度利益与个人利益之间寻找一个契合点,在维护大多数人利益的基础上兼顾少数人利益,进而达到一种相对公平,促进基本养老保险费的按时缴纳。

此外,由于个人补缴者的缴费基数按照不低于各年度最低缴费标准且不高于各年度天津市职工月平均工资由本人自主确定,考虑到个人缴费者大多以灵活方式就业,其缴费基数的核定参照在岗职工的平均工资未免有些“错位”。因此,可以参照灵活就业者的平均工资水平和最低工资标准来确定适合个人缴费群体的缴费基数上限和下限,并由个人缴费者视收入状况自主选择,适当减轻部分灵活就业群体的缴费负担。

(四)建立补缴政策反馈机制

补缴政策的制定应从广大参保者的切身利益出发,并结合基本养老保险的整体发展状况,切忌脱离社情民意。因此,需要在增强参保群体保险意识的基础上建立补缴政策反馈机制,从补缴者需求角度完善补缴政策。同时,个人补缴者也应改变以往默认政策规定的被动思维,变被动为主动,结合自身的实际情况,积极向社保相关部门反馈补缴政策运行中的现实问题,形成一种良好的政策反馈机制,让政策制定者更多地了解到民情民意,进而使补缴政策的制定更具人性化和弹性化。

其一,增加养老保险信息的了解渠道与可获得性,增强个人参保缴费意识,切忌将政策信息“束之高阁”。应将个人参保者固有的“要我参保”观念转变为“我要参保”,为补缴政策反馈机制提供政策认知基础。社保相关部门应一如既往地重视和加强养老保险政策宣传力度，通过街道、社会保险经办机构、网上信息公布（如官网、微信服务平台）等多种媒介建立适应不同年龄参保群体的社保信息共享平台，并确保政策信息的公开透明性和随时更新性，给予参保者足够的社保知情权，减少政策无知。

其二，委托专门组织定期为参保者开展培训课程，为参保群体讲解基本养老保险的相关知识和政策信息，帮助人们办理补缴基本养老保险费的业务，了解补缴流程，熟练运用政策服务工具，使社保经办机构真正为广大参保者服务，进而使个人的参保行为更富理性与自觉，在补缴政策反馈机制中有更多的发言权与发言内容。

第二节 平稳推进机关事业单位养老保险改革

机关事业单位养老保险制度是我国社会养老保险体系的重要组成部分，关系到机关事业单位法定参保人群的全覆盖及其退休保障权益。结合对北京市乡镇的实地调研，本节分析了机关事业单位养老保险改革进程中配套制度建设、保险关系转移、职业年金办法、财政压力、管理机构效率等方面的问题，并提出了相关完善建议。

一、引言

机关事业单位养老保险制度是我国社会养老保险体系的重要组成部分。由于以往的养老保险双轨制导致了机关事业单位工作人员与企业职工之间的养老金待遇差距逐渐拉大，推进机关事业单位养老保险制度改革已势在必行。[1] 这不仅有助于机关事业单位养老保险制度的自身完善，更有利于建立公平统一的社会保障体系。我

---

〔1〕 张倩：《论公务员养老保险制度的改革》，载《西华大学学报（哲学社会科学版）》2016 年第 35 期，第 58－62 页。

国于 2015 年颁布了《国务院关于机关事业单位工作人员养老保险制度的决定》。其阐述了公平与效率相结合、权利与义务相对应、保障水平与经济发展水平相适应、改革前与改革后待遇水平相衔接以及解决突出矛盾与可持续发展相促进的基本改革原则，并在养老保险基本制度模式、养老金发放、建立基本养老金正常调整机制、加强基金管理和监督、做好转移接续工作、建立职业年金制度、健全筹资机制等方面给出了具体实施办法。北京市机关事业单位养老保险改革的基本思路是遵循《国务院关于机关事业单位工作人员养老保险制度的决定》，并认真贯彻执行其中的基本改革原则，把有关养老保险缴纳、管理储备、发放等各个环节的规定要求落到实处。本节从北京市 S 镇机关事业单位养老保险制度改革的实地调研出发，分析养老保险改革进程中配套制度建设、保险关系转移、职业年金办法、财政压力、相关管理机构效率等方面面临的主要问题，并提出相关完善建议。

二、机关事业单位养老保险改革情况调研

S 镇隶属北京市 C 区，地域总面积约 55 平方公里，下辖 21 个社区和 22 个行政村。S 镇于 2016 年 6 月起开展机关事业单位养老保险制度改革的相关工作。本研究采用调查问卷和访谈两种方法相结合的形式，对 S 镇机关事业单位养老保险制度改革的具体实施情况进行相关调研。此次调研通过有针对性地选择行政部门的工作人员、部分公务员、相关管理机构工作人员等作为主要对象，以便深入了解公职人员自身对本单位养老保险制度改革的认识及看法、改革过程中出现的问题及原因等。调研中共发放问卷 150 份，回收有效问卷 128 份。被调查人员中，68.2% 为女性，31.8% 为男性。从年龄上看，大多数人员为 50 岁以下，其中 36 – 50 岁占总调查对象的 50.2%，20 – 35 岁占总体的 25.8%。从受教育程度来看，本科及以上学历共有 118 人，占比约为 78.67%，说明被调查人员的文化水平

普遍较高。从工作时间来看，约有68%的人在政府单位工作时间多于三年，工作两年及以下的人占32%。

（一）S镇机关事业单位养老保险制度改革概况

在制度模式和缴费标准上，根据2015年《国务院关于机关事业单位工作人员养老保险制度的决定》，机关事业单位养老保险实施社会统筹与个人账户相结合的基本养老保险制度，其产生的费用由单位和个人同时承担。其中，单位缴纳基本养老保险费的比例为本单位参加机关事业单位养老保险工作人员的个人缴费工资基数之和的20%；个人缴纳基本养老保险费的比例为本人缴费工资基数的8%，需由单位代扣代缴。北京市S镇相关单位最早参加改革的时间是在2016年6月，此后所有参加机关事业单位养老保险的单位和个人均需按国家规定标准进行缴费。

在参保信息登记方面，此次S镇公务员参保范围的界定以政府机关单位行政编制为标准，首先由社保相关部门先统计出详细的具有行政编制的人数，随后再进行机关单位公务员养老保险基础数据的采集。通过调查得知，2020年1月至2020年12月，S镇政府单位所有公务员都已经如期完成参保登记工作，其参保登记工作完成率为100%。

在职业年金制度方面，机关单位如果参加了基本养老保险，就要按规定为职工建立职业年金，单位和个人应该共同承担其所产生的费用。单位缴纳职业年金费用的比例为本单位参保人员缴费工资基数之和的8%，个人缴费比例为本人缴费工资基数的4%，这部分也要由单位代扣代缴。

（二）S镇公职人员对制度改革的态度、了解方式及程度

根据此次调查数据可以得出，完全支持此次机关事业单位养老保险制度改革的有86人，大约占调查总人数的57.3%；有26.8%的被调查对象比较支持这次改革，只有15.9%的人对此次改革持否定态度，也就是极少数人表示“不太支持”或“完全不支持”。总体来看，大多数人对此次改革是给予肯定的。

从了解方式上看，有42.6%的人是通过“单位宣传或组织培训”了解到相关改革；从“同事、领导或与他人之间交流”中了解的比例为22.8%；通过“报刊、电视新闻资讯及网络媒体信息”了解的有26.7%；仅有7.9%的人未去了解改革内容。对于了解程度，有39%的人完全不了解此次改革的具体内容，不太了解的占46%，比较了解的占13%，仅有2%的人非常了解此次改革的具体情况（见表1－2）。综上所述，被调查人员对当前S镇机关事业单位养老保险制度改革的具体情况了解得并不透彻，在一定程度上反映出改革的宣传力度不强，以至于很多人对改革的具体内容不太清楚或不够了解。

表1－2　对机关事业单位养老保险制度改革的了解程度

了解程度	完全不了解	不太了解	比较了解	非常了解
所占比例	39%	46%	13%	2%

数据来源：根据调研整理而得。

（三）S镇机关事业单位养老保险改革的相关问题及原因

从调查结果来看，在回答“机关事业单位养老保险制度改革进程中存在的主要问题”时，每个答案选择的人数均较多且具体数量分布也比较均衡，这说明改革过程中存在的问题得到了大家的普遍认可，后续则需要根据反映比较集中的配套制度建设、保险关系转移、职业年金办法、财政压力、相关管理机构效率等具体问题给出相应的对策予以解决。关于养老保险制度改革过程中出现相应问题的原因，被调查对象中有86.8%的人选择“单位对具体实施办法落实不到位”和“在职人员对改革不够重视、参与度不足”。这说明在此次改革中，部分公职人员对相应的改革措施与相关政策的了解程度较低，后续各单位应加强对养老保险制度改革的宣传力度，提升公职人员的参与度。

三、机关事业单位养老保险制度改革中面临的主要问题

（一）改革的配套制度落后

根据实地调研，S镇公职人员对现有养老保险制度改革不满意的很大一部分原因来自对相关配套制度落后的失望。在最新的《北京市机关事业单位工作人员养老保险制度改革实施办法》中，北京市本着深入贯彻落实党中央、国务院决策部署的态度，坚持全覆盖、保基本、多层次、可持续的方针，逐步实行社会统筹与个人账户相结合的基本养老保险制度。但由于一些地区在具体实施过程中缺少相关配套制度，因而难以完全有效地推进机关事业单位养老保险制度改革，对养老保险的缴纳、管理以及发放并未形成完整统一的流程措施。

就机关人事制度方面而言，目前公务员人事制度虽然在进行改革，但存在部分机构臃肿、人员众多且流动不畅、缺乏科学的考评机制等问题。从工资福利制度方面看，工龄计算方法不健全，工资结算方式过于复杂，一些单位存在工资少、补贴多、福利滥的现象。这些因素不仅阻碍了公务员体系的发展，也阻碍了机关事业单位养老保险制度的改革发展。

（二）保险关系转移程序不完善

机关事业单位养老保险改革还存在着保险关系转移不完善的问题。公务员群体普遍认为在工作单位调换中，保险关系转移流程过于麻烦、与社保机构对接不顺、与相关工作人员对接不畅、经办人员配合不力、经办信息系统不完善等都是保险转移过程中存在的突出问题。首先是存在着技术性问题，缺乏统一的进行相关计算与录入工作的软件和网络，主要依靠人工，这就导致了一些人员跨省办理养老保险转移工作的难度，经常需要辗转两地。其次是信息沟通问题，由于各地养老保险制度不统一，在养老保险转移过程中，相关工作人员的沟通只能通过电话，由于缺乏恰当的程序导致信息沟通困难的增加。

(三)职业年金办法缺失

职业年金是北京市根据国家相关规定在《北京市机关事业单位工作人员养老保险制度改革实施办法》中针对机关事业单位养老待遇所新增的养老保障制度。机关事业单位在参加基本养老保险的基础上,应当为其工作人员建立职业年金。但在具体实施过程中,由于没有硬性规定,一些单位要么没有为员工建立职业年金,要么以其他方式少缴纳单位应缴的职业年金,从而导致部分公职人员并没有充分享受到职业年金的福利。究其原因是当前没有强制规定实施职业年金制度的具体办法和如何做好保障职业年金制度正常执行的相关办法,最终导致部分人员的福利受损。

(四)财政压力较大

根据走访调查,随着人口老龄化的发展,公务员群体中离退休人员不断增多,需要支付的基本养老金数额也在逐年增加,这在很大程度上增加了政府的财政压力。由于历史遗留原因,北京市机关事业单位养老保险在改革之前由地方财政拨款,实行的是现收现付制,直到改革之后才开始实行机关单位与工作人员共同缴纳一定比例的养老保险费。由于在改革之前的退休公务员没有缴纳养老保险,这部分养老保险支付压力就转移给了当地政府。同时,北京市的公务员基数较大,无形中也加大了政府的财政压力。目前国家不断提高离退休人员的退休待遇,也对养老保险的财政预算支出提出了一定的挑战。除了面对来自基本养老金逐年增加而带来的财政压力,北京市机关事业单位还面临着新的职业年金的压力。近年来,为了进一步提高员工福利,国家提出了建立职业年金制度。职业年金制度本质上属于一种单位福利制度,由机关事业单位根据自身经济状况为员工建立保障制度,这就把职业年金的支付压力转到了相关单位的财政支付范畴。

(五)相关管理机构效率较低

在养老保险制度实施过程中,还存在相关机关单位与负责机构效率不高的问题，其主要体现在养老保险缴纳、管理、发放以及保险关系转接的各个环节。在养老保险的缴纳中，一般由机关单位直接从员工工资中扣除。但在实际过程中，虽然单位按月扣除，但有的机关单位却未按月及时缴纳，而是累计几月一次性缴纳，这给公务员后续的保险关系转移造成了一定的麻烦。同时在养老金的发放流程中，过程也较为繁琐，降低了离退休人员的认同感。在养老保险的缴纳、转移以及发放过程中，需要多个机构单位的协同配合，如若一个环节卡住，则整个问题解决的时间就会被不断拖延，以致久久不能得到解决。当前，养老保险相关管理机构的工作效率仍有待提高。

四、推进机关事业单位养老保险制度改革的基本路径

（一）健全配套制度，助力养老保险改革

养老保险制度改革是一项复杂的系统工程，受到诸多因素的影响。当前制约机关事业单位养老保险制度改革的因素主要涉及机关人事制度、工资福利制度等方面，相关配套制度的改革也应当从这些方面入手。

就机关人事制度方面而言，人事制度的改革可以减少养老保险制度改革的阻力。因此，为了公务员体系以及机关事业单位养老保险制度改革的有效推进，则需要继续推进机关人事制度的改革，精简机关单位人员、建立健全人员选拔和任用机制以及科学的考评机制，同时逐步取消铁饭碗的终身制，进一步完善公务员聘任制改革。

就工资福利制度方面而言，由于机关单位养老保险的缴纳比率是以公务员工资为对照基准的，因此公务员的工资福利制度，也必然对养老保险制度的改革产生重要影响。因此，需要调整工资收入在整个收入结构中的不合理状态，发挥工资制度的激励作用，改善部分机关单位少工资、多补贴、滥福利的现象。统筹公务员的工资、福利与保险，使各类收入协调发展。

(二)优化保险关系转移程序,加强管理工作

针对机关事业单位养老保险关系转移过程中存在的技术性问题、信息沟通不畅等问题,可以通过建立统一的管理机构与信息系统等方案来解决。首先,建立全国统一的管理机构。组织各省市对目前社保管理机构进行统一梳理,并由中央政府逐步建立一个由国家到地方省市的统一化服务平台。由统一的服务机构,依据国家相关规定对其进行规划、组织、运作及监管。其次,建立统一的信息系统,以解决技术及信息问题。公务员养老保险转移接续工作中各地区之间的操作存在差异,智能化水平较低,急需提升信息化水平,建立标准的作业流程,让转移过程借助网络系统既省去了各地社保机构之间的联络协调,又增强了信息的准确性。

(三)完善职业年金办法,丰富养老保险层次

职业年金制度是政府出台的以丰富养老保险层次的一种制度办法。为了有效地实施职业年金制度,首先,需要设立相关的硬性规定,强制性要求相关机关单位按照规定为公务员缴纳一定比例的职业年金,不得以各种方式少缴或者偷换概念式缴纳,并设置相关监管办法。

其次,需要设置科学的过渡性职业年金,解决近年来出现的晚退休员工养老金低于早退休员工养老金的问题。针对"新人""中人""老人"的不同现状,"中人"和"老人"之间的过渡性职业年金可采用补差法计算,"新人"职业年金的缴纳水平可参考现有退休人员的待遇水平来确定,由此便不会出现不同群体之间较大的退休待遇差异,以维护和体现基本养老保险制度公平的基本原则。

(四)强化养老保险基金管理,缓解财政压力

首先,为了基金安全,需要科学选择基金运营公司。其次,需要合理评估基金管理绩效。建立科学的社保基金绩效评估体系,以规避风险、保障基金安全、获得稳定的投资收益。最后,还需要积极拓宽养老保险基金投资渠道。在初始阶段以低风险的证券型基金为主

进行购买,等到养老保险基金发展到一定规模并且拥有抵抗风险的能力时,则适当进入实业投资、不动产投资、基础投资、股票投资等,以扩大增值和缓解财政压力。

(五)增强相关机构效率,提高服务水平

首先,需要精简相关机构以及相关管理人员,避免机构多、人员多而造成的相互推诿问题。其次,需要明晰各机构、各工作人员的职责范围,让具体事务能够对应到具体的工作人员,有效解决在办理养老保险相关事宜中出现的效率低、渠道堵塞等问题。再次,相关工作人员还需要通过学习,不断提高自身的服务意识,机关单位也需要组织员工进行服务培训,以提升员工的服务态度与水平。最后,需要设立服务评估体系,相关员工需要接受前来办理业务人群的评价,并且根据评价的好坏设立一定的奖惩措施。

第三节　促进城乡居民医疗保险实现应保尽保

自城镇居民医疗保险与新型农村合作医疗制度整合以来,统一的城乡居民基本医疗保险制度在全国范围内得以建立,使没有参加过城镇职工医疗保险的农村和城镇居民能够享受到基本的医疗保障待遇。结合对河北省相关地区的实地调研,本节分析了城乡居民基本医疗保险制度运行中面临的主要问题,并提出了适时调整自愿参保原则、提高居民政策认知程度、设置分层缴费筹资机制、提高医疗服务支撑水平等建议,以期促进城乡居民基本医疗保险适龄人群应保尽保。

一、引言

自从新型农村合作医疗和城镇居民医疗保险建立以来,城镇居民和农村居民享受着不同的医疗保险制度。城镇居民医疗保险制度建立以来,就有部分地区开始尝试将新型农村合作医疗与城镇居民医疗保险整合为城乡居民医疗保险制度,并取得了明显的效果。经过多年的探索,2016 年我国终于迎来了城镇居民医保和新农合制度整合的突破性进展,逐步在全国范围内建立起统一的城乡居民医保制度。整合城乡居民医疗保险制度,有利于促进社会公平,统筹城乡之间的发展,消除城乡二元结构带来的差距,使农村和城镇没有参加城镇职工医疗保险的居民享受到基本的医疗保险待遇。河北省秦皇岛市 F 区于 2017 年开始实施城乡居民医疗保险制度。本节以秦皇岛市 F 区为例,通过问卷调查和访谈的形式,对城乡居民医疗保险制度运行状况进行了深入的调查研究。

本研究主要针对秦皇岛市 F 区展开调查,共发放 200 份问卷,并对相关居民和农村卫生院(室)的工作人员进行了访谈。问卷调查的对象为 F 区的城镇居民和农村居民。调查中选取 200 名居民来做问卷,按户籍分为城镇居民和农村居民,城镇的居民 51 名,占总人数的 25.5%,农村的居民 149 名,占总人数的 74.5%。被调查者由 5 个年龄段组成,18 岁以下的有 13 人,占比 6.5%;18 至 30 岁之间的被调查者有 42 人,占比 21%;30 至 45 岁的被调查者有 90 人,占比 45%;45 至 60 岁的被调查者有 30 人,占比 15%;60 岁以上的调查者有 25 人,占比 12.5%。接受调查的居民受教育水平偏低,小学以及以下学历占 27.5%,初中以下学历占 35.5%,高中及中专的人数为 63 人,占比 31.5%。被调查者涵盖了学生、农民、个体工商户、无业及退休人员。受访者的平均月收入都比较低,没有收入在 5000 元以上的居民。

二、城乡居民基本医疗保险制度运行状况

城镇居民医疗保险制度于 2007 年开始启动试点,到 2010 年全面推广,主要是针对那些未参加城镇职工医疗保险的居民。新农合从 2003 年开始试点,2010 年开始覆盖到全国农村居民,主要针对的是有农村户口的农村居民。这两种制度都是以大病统筹为主,都是自愿缴费的。城乡居民基本医疗保险制度整合了城镇居民医保和新农合两种制度,覆盖的人群包括儿童、学生和老人,还有未参加职工

医保的居民。秦皇岛市F区于2017年制定出台了《城乡居民基本医疗保险实施办法》,标志着秦皇岛市F区城乡居民医疗保险制度进入实施阶段。

(一)参保对象与筹资标准

通过调研了解到,秦皇岛市城乡居民基本医疗保险的参保对象包括:学生(包括职业高中、中专、技校和大学生)、儿童、拥有农村户籍居民、个体工商户与无业人员、未参加城镇职工医疗保险的城镇居民、已取得居住证非本市户籍的居民。自从城乡居民医疗保险制度建立以来,医保缴费水平每年都有一定的变化。2017年1月1日开始F区开始实行城乡居民医疗保险制度,不再区分城镇居民和农村居民,统一为每人缴纳150元,政府补贴460元。自2018年开始城乡居民医疗保险费每年增加30元,政府补贴也同样增加30元,到2021年城乡居民医疗保险个人缴费已经增加到280元,政府补贴已经增加到550元(见表1-3)。从秦皇岛市城乡居民医保2017-2021年个人缴费数据可以看出,个人缴费每年都在增长,政府补贴也在相应上调。

表1-3　城乡居民医保2017-2021年度缴费标准

年份	2017年	2018年	2019年	2020年	2021年
个人缴费	150元	180元	220元	250元	280元
政府补贴	460元	460元	490元	520元	550元

数据来源:秦皇岛市人力资源和社会保障局。

(二)门诊统筹待遇与住院费用补偿

按照河北省医疗保障局要求的强化门诊共济保障、2020年底之前取消个人账户、建立门诊统筹制度,秦皇岛市于2021年1月1日起开始实施新出台的门诊统筹制度。其不仅报销14元的门诊诊查费,还报销门槛费50元,报销比例为50%,封顶线为65元。参保居民可以持社保卡在乡镇卫生院、二级或三级医疗机构、村卫生室门诊就医,可划卡直接结算。

参保居民每次住院先需要负担一定额度的医疗费用。如表 1 - 4 所示,每个医疗机构的起付标准都不一样,定点机构等级越高,起付标准金额越高,基金支付比例就越低。在市外的起付标准较高,基金支付比例与其他等级的医疗机构相比要低一些。

表 1 - 4　城乡居民医疗保险住院起付标准和支付比例

定点医疗机构	起付标准	基金支付	最高额支付限额
乡(镇)卫生院、社区医疗服务中心	100 元	85%	每人每年(学生)基金最高支付限额为 150000 元
一级	300 元	75%	
二级	500 元	70%	
三级	1500 元	60%	
市外	4000 元	50%	

数据来源:秦皇岛市人力资源和社会保障局。

(三)大病医疗费用补偿与定额补助

秦皇岛市大病医疗费用采取“分段计算,累加支付”的办法,参保居民如果生病住院,医保按规定支付医疗费用后,个人负担的符合支付范围的医疗费用,由大病保险资金按规定支付(见表 1 - 5)。城乡居民大病保险的起付标准为 1.1 万元,大病保险资金是从城乡居民医疗保险基金中提取,个人不缴费。

表 1 - 5　大病医疗起付标准和支付比例

起付标准	基金支付	最高额支付限额
1.1 万元 - 10 万元	60%	40 万元
10 万元 - 20 万元	70%	
20 万元以上	75%	

数据来源:秦皇岛市人力资源和社会保障局。

在定额补助方面,只要是参加城乡居民医疗保险的女性,都可以享受生育补助待遇，生育医疗费用按定额结算的方式，结算标准为顺产500元，剖宫产1000元，在医保方面给予女性群体更多的便利。

（四）门诊慢性病待遇与药品目录

秦皇岛市参保居民门诊慢性病一共有三大类23种。第一、二类门诊慢性病实行限额管理，第三类按住院标准执行（见表1－6）。第一、二类门诊慢性病起付标准和基金支付是一样的，第二类最高支付限额比第一类高一些。慢性病持乡镇卫生院以上级别的住院病例，要到医保中心城乡居民医保科，每月评审一次，封顶线每年6000元，报销比例为75%；恶性肿瘤放化疗、白血病、终末期肾病和重症精神等重大慢性病封顶线每年15万元，报销比例为90%。

表1－6 城乡居民医疗保险门诊慢性病病种、起付标准及支付比例

类别	起付标准	基金支付	最高支付限额
第一类	100元	80%	800元
第二类	100元	80%	2400元
第三类	按住院标准执行，一年只负担一次起付标准，起付标准按就医最高级别定点医疗机构确定	70%	按住院标准执行

数据来源：秦皇岛市人力资源和社会保障局。

秦皇岛市根据国家和河北省2020年版药品目录调整情况及要求，开始执行新版的国家药品目录，新增了119种药品，并删去29种药品。同时，秦皇岛根据医保目录调整药品的实际情况，把一些滥用明显的药、没有临床价值的药调出目录，还根据功能定位、临床需求和诊疗能力等及时配备、优化合理使用药品，保证患者用得上、用得好。

三、城乡居民基本医疗保险制度运行面临的问题

（一）自愿加入原则使得城乡医保不能覆盖到所有居民

由于城镇居民和农村居民可以自愿选择参加城乡基本医疗保

险,目前还有一部分人群尚未参加城乡居民医保。通过调查数据可知,仍有15.5%的居民没有参保,他们认为参加医疗保险并没有太大用处,没有意识到医疗保险制度能给自己带来健康保障功能。又因为城乡居民医疗保险主要是大病统筹,医保主要补偿的是住院的费用,年轻人生病住院概率小,所以倾向于不参保。而一些年纪大的老年人,也不愿意参加医疗保险,他们认为自己岁数这么大,参保没有多大意义。但是他们对医疗保险的报销比例并不清楚,也不了解参加医保之后生病住院比不参加医保花钱更少。在访谈当中,就有一位老人因为家里人没有参保意识,没有给他参加医疗保险,自己生病住院花费了1万元,结果没办法报销,最后只能自己承担医疗费用。还有极少数的人群是因为经济条件的原因,没有参加医疗保险。正是这些人群不愿参保,使得城乡居民医疗保险并不能覆盖到所有人群。

(二)政策宣传力度不够导致参保居民对医疗保险认识不足

受访居民对城乡居民医疗保险政策非常了解的仅占总人数的1%,对城乡居民医疗保险表示了解的占总人数的9.5%,有19个人,了解较少的居民比例最高,占总人数的75.5%,完全不了解的有20人,占10%。在被调查者当中,对城乡居民医疗保险政策了解较少的占多数,大部分人只对缴纳费用数额、缴纳时间及地点有所了解,其余的如报销比例、流程等都不是非常清楚。通过问卷数据分析可知,居民对城乡居民医疗保险政策的了解不够深入。通过分析城乡居民医疗保险政策的了解途径,可以看出在哪些方面还存在宣传不到位的问题。调查显示,有占比54.5%的被访者是通过政府、社区、街道宣传而得知医保政策的;有52人是通过电视、新闻媒体、网络、微信公众号,占总人数的26%;有27人是通过医疗机构、医院医保部门经办人员告知的,占总人数的13.5%;有12人是通过亲戚、朋友告知的,占总人数的6%。

通过问卷分析可知,居民对城乡居民医疗保险政策是通过多渠道了解的。但对于医疗保险的具体内容了解得不够深入。有的居民已经参加城乡医保，但是对城乡医保缴费标准、报销比例、报销流程等都不太了解，甚至有的居民是极其被动和盲目参加的，他们并不清楚医疗保险具体可以起到什么作用。通过访谈发现，有的居民生病买药的时候，不会去定点报销的药店买，而是图方便在就近的药店买药，并没有意识到医保报销的好处。尤其是一些年轻人，他们会觉得医保报销并不能报销多少，几乎不使用医保卡。出现这些现象主要是因为城乡医保制度的宣传工作不到位。虽然宣传的途径是多渠道的，但是没有更加深入的宣传，并没有对城乡居民医疗保险制度的具体内容进行讲解，造成居民虽然参加了城乡医保，但是对其中的具体内容都不是很了解。尤其在农村地区宣传普及度不高，农村地区远离城市，一些信息不能很快地流入农村，使得一些农村居民无法及时地了解到。

(三)城乡居民医疗保险筹资标准有待完善

秦皇岛市近年来城乡居民医疗保险个人缴费和财政补贴不断上升，个人缴费金额从 2017 年的 150 元增长到 2021 年的 280 元。对于农村缴费居民来说，这无疑增加了他们的经济负担。通过访谈发现，农村一家四口的家庭户，其月收入不足 1 万元，而且由于收入不稳定，并不是每个月都能有 1 万元左右的收入。再加上各种花销，他们觉得缴纳四口人的医疗保险费确实负担较重，所以选择不参加医疗保险。还有两位老人因为没有收入来源，平时都是通过子女寄钱来维持生活的，他们的生活费较少，缴费存在很大困难。另外，城乡居民医保只针对住院才能多报销，药品只补贴 50 元。这使得参保居民觉得不太实惠，如果不生大病的话，缴纳保险没有什么用处，因而影响参保的积极性。对于城镇居民来说，有的参保居民没有具体工作或者无业，他们的收入不稳定，要缴纳全家人的医疗保险或只缴纳自己的医疗保险存在一定的压力。在面对逐年增加的个人缴费金额的情况下，新增的经济负担往往导致城乡居民中断或者放弃缴费。

问卷调查表明，有 77% 的居民认为缴费过高，也有 5% 的居民觉得城乡居民缴费略低,认为筹资标准一般和缴费略低些的居民合计为23%,占较小比例。大部分参保人员特别是农村居民表示对筹资水平不满意,没有达到自己可以接受的水平。对于一些没有工作和家境比较困难的居民而言,城乡居民医疗保险个人缴费一直都在增长,确实存在相当程度的经济压力。

(四)农村地区医疗服务水平整体偏低

调查显示,对目前享有的医疗服务水平表示非常满意的居民,仅占总人数的1.5%,对医疗水平比较满意的居民占11.5%,表示基本满意的占26.5%,有55.5%的居民对医疗服务水平不满意,表示很不满意的占5.5%。通过访谈了解到,对医疗水平不满意的大部分是农村居民。因为农村居民生病后一般会去村医或者卫生院看病买药,而卫生院没有水平较高的医务人员,医疗资源有限,村医的医疗水平也不高,没办法医治重病或者罕见病。如果居民得了比较严重的病,只能去县医院、市里或医疗水平较高的地方去治疗,这给居民看病带来了不便,增加了居民治病的费用,因此大部分居民对农村医疗水平不满意。

由于农村地区经济比较落后,一些高水平、高素质的医生或者刚毕业的大学生都想去大城市发展,很少有人会愿意到农村工作。农村医生收入水平低,生活水平质量不高,而且缺少培训的机会,提升的空间相对不足,使得农村卫生院只有大专学历以下的医生。他们的医疗水平和素质能力有限,给农民诊治大病比较困难。受访的村卫生室工作人员表示,村卫生室没有比较先进的医疗设备,在这只能输液、打针和买药。要是村民得了大病的话,只能去县城医院问诊,因为一些先进医疗设备和仪器都在县城医院,而农村的医疗资源非常匮乏。

四、促进城乡居民医疗保险实现应保尽保的建议

(一)完善自愿参保原则,适时酌情过渡到强制原则

目前城乡居民医疗保险是自愿参加的,一些人由于对城乡居民

医疗保险政策不了解，可能会选择不参保。比如，有年纪较大的居民，还有一些年轻人不参保。基于类似现象，自愿原则参加城乡医疗保险，可能会使医保覆盖范围变小，不能覆盖到全体居民。所以应将自愿原则适时转变为强制原则，当然这是一个循序渐进的过程，同时需要辅以对特殊困难人员给予参保补助等措施。可以先从强制某一个年龄段人群参保开始，然后再扩展到其他年龄段；如果实施效果不是很明显，可以尝试先从一个社区探索试点，如果大家对强制缴纳城乡医保认可度较高，可以逐渐推广，逐步使自愿缴费过渡到强制缴费，从而真正推进全民覆盖。

（二）加强医疗保险政策的宣传力度，提高居民的认知程度

政府可以加强政策的宣传力度，引导居民更加深入了解城乡居民医疗保险政策，可以通过网络平台或发放传单等方式进行宣传，还可以通过公众号发表文章，让每个家庭对医疗保险有所认知。尤其是未参保的居民，应该对其进行深入宣传，调动参保的积极性。要注重加强农村地区的宣传，通过大喇叭广播的方式，在每个村进行宣传；同时还可以举行定期的讲座，在农村地区可以在村委会举行，每个家庭出一个代表参加。城镇地区可以通过社区进行宣传，对没有参保的人群，可以通过打电话的方式进行告知，或挨家挨户进行入户深入宣传。此外，应该加强针对中小学生的城乡居民医疗保险宣传工作，先对未参保的学生进行核对，再对未参保的学生家庭进行摸底，确保中小学生也能够得到制度保障。

（三）根据参保人群设置不同的缴费层次，完善筹资机制

考虑到城镇居民和农村居民的收入原因，多数居民收入来源相对不稳定，收入水平较低，而且每个家庭和个人的情况均有所不同，因此可以根据居民的生活情况来划定医疗保险的缴纳费用。可以效仿成都市的做法把缴费标准划分为三个档次，居民可以自行选择缴费档次来缴纳医疗保险，设置不同的缴费档次有利于提高城乡居民的参保积极性。对于一些经济困难的、有低保的家庭，可以实行一些

优惠政策,鼓励扶持其参保;对于一些无法缴纳医疗保险的居民,应通过政府的帮助来减轻其经济压力,[1]进而解决医疗保险缴费偏高和扩大医疗保险覆盖面问题,让每一位居民都能获得一份健康保障。

(四)优化农村医疗资源配置,提高医疗服务支撑水平

与城镇地区相比,农村地区医疗资源相对薄弱,缺乏高水平的医务人员,造成农村居民看病就医很不方便。所以政府应该出台相应的政策留住人才,比如提高留在农村工作的医务人员的收入水平,给予他们一定的生活补贴,提高他们的生活质量,为他们提供更多的学习培训机会。对于在村卫生室内部工作的医生,要对他们进行定期的培训,提高他们的专业水平,增强他们的知识储备,让看病的农村居民对基层医护人员有信心。在医疗设施方面,政府应该加大对农村地区的医疗资源的投入,引进先进的医疗设备,改善农村的医疗设施条件和就医环境,让农村居民可以不用跑很远去看病,使他们在就近的卫生院就能够看好病,享受与城镇居民同样的医疗待遇,从而增强农村居民的幸福感。

第四节　统筹长期护理保险制度城乡一体发展

建立长期护理保险制度是应对人口老龄化的一项积极举措。目前,国内大部分地区的长期护理保险制度主要覆盖城镇职工群体,而农村地区基本上处于制度空白状态。结合对河北省试点县的实地调研,本节分析了县级试点地区长期护理保险制度建设中面临的群众参保意识较弱、农村地区筹资困难、缺乏专业机构及护理人员、法规保障与政府监管不足等问题,并提出了相关完善建议。

---

〔1〕 王平、王佳:《城乡居民医保制度整合的逻辑、效果和优化建议》,载《财经问题研究》2020 年第 11 期,第 138 – 145 页。

一、加快发展长期护理保险制度的背景

随着人口老龄化的不断加速,建立长期护理保险成为老龄化社会的普遍需求。第七次全国人口普查数据表明,我国的老年人口占比持续增大。同时,我国处于失能、半失能状态的老年人群数量逐年增加,其养老照护问题逐渐凸显出来。长期护理保险是一个新兴的险种,在我国还没有发展成熟,尚处在试点探索阶段。截至目前,国内的试点地区多以省级和市级为主,县级的试点地区很少。2016 年,J 县被确定为河北省唯一的开展长期护理保险制度试点县。J 县是一个很大的农业贫困县,农村人口占很大一部分。J 县十分重视老龄化问题,探索建立了"医养结合 + 护理险"的农村养老模式,并正式建立了覆盖城乡居民和城镇职工的长期护理保险制度。目前,国内大部分试点地区的保障范围多向城镇职工倾斜,这对农村地区来说有失公平。J 县在这一方面进行了探索性尝试,不论是城镇职工还是城乡居民都可以参保。这一举措让农村老年人感受到了实实在在的养老保障安全感,也对推进长期护理保险城乡全覆盖具有重要的现实指导意义。

二、长期护理保险制度的试点实施状况

在目前的多数试点地区,只要是参加了职工医保的人群就能够参加长期护理保险。截止到 2020 年,J 县的总人口大约有 43 万人,参加长期护理保险的就有 38 万人。

(一)长期护理保险制度的主要内容

从保障范围来看,政府根据 J 县的具体情况,在试点刚开始就把保障范围扩大到城乡居民和城镇职工。根据近年来扶贫的开展情况,一些贫困人口也被纳入了长期护理保险的保障范围内,只要是家里有失能人员并且通过了评估,就可以申请参加长期护理保险。这一举措让那些没有人照顾的老人,尤其是农村老年人感受到切实的保障。

从资金筹集方面看,有稳定的资金来源是长期护理保险得以平稳运行的重要保障。J县长期护理保险的资金筹资主要来源于医疗保险基金、政府财政补贴以及福彩公益基金。为了让农村地区的养老负担减轻一些,J县提供了很多的优惠政策,以低保户、五保户以及贫困户为主,只要家里有参加长期护理保险的,他们的参保费用以及在他们入住定点机构后需要自费部分的资金,全部都由政府来承担。

在基金征缴及报销比例方面,根据J县的相关规定,只要居民参加了医保就相当于参加了长期护理保险,长期护理保险费个人缴纳的部分很少,大部分都是依靠医保基金和县财政补贴;如果参保的居民符合医疗护理费用的报销条件,以护理对象所在机构的等级以及根据不同的护理等级所提供的服务内容为标准,区域内报销65%,区域外报销55%(见表1-7)。

表1-7　长期护理保险的基金征缴和报销比例

项目	基本条件	具体要求
基金征缴	每人每年50元	职工个人缴纳10元
		居民个人缴纳3元
		其他:医保基金、政府补贴、福彩
报销比例	统筹区内	65%
	统筹区外	55%
	居家	85%

数据来源:根据调研整理。

在申请条件方面,要想享受长期护理保险待遇,首先需要满足申请长期护理保险的条件,即参保人生活不能自理,并且是由于年老或者生病所导致的。如果病情比较稳定,失能时间已经超过6个月,就可以申请长期护理保险了。在申请长期护理保险时需要先对护理对象进行评估,为此J县医保局专门成立了评估小组,每个小组由2至3人组成,都是具有丰富经验的医生。

评估的标准主要根据日常生活能力评定表，评估人员会根据预约的时间上门评估，对护理对象的日常生活能力进行测评，在评估的过程中会进行录像，以保证评估结果是真实有效的。评估人员会根据测评的结果评估其失能程度以及病情的稳定程度，进而确定失能等级，失能等级分为1级至6级。如果评估通过了，就可以享受保险待遇了。

（二）长期护理保险照护模式

参保人可以根据自己的意愿选择护理模式，是选择去定点机构护理还是居家护理。会有专门的人员根据参保人的失能等级配给相应的定点机构，还会根据参保人的身体情况提供不同的护理服务，以保证机构提供的护理服务与老年人的照护需求是相匹配的。2016年刚刚推行试点时，失能老人入住的是定点机构医养中心，即医疗专护和机构护理模式。经过一段时间的试点，发现有很多的老年人不想去外面养老，他们认为去哪里都不如在家里舒服。针对这一现象，2018年J县推出了居家养老护理模式，让不想离家的老年人也能享受到正规的护理服务。在三种照护模式中，有41%的人选择了居家照护模式，有22%的人希望进入定点机构进行更专业的护理，有37%的人倾向于医疗专护。

从医疗专护和机构护理模式看，随着长期护理保险制度的推行，有越来越多的老年人愿意到定点机构进行护理，其中大部分的老年人都是退休的或者是家庭条件比较好的，农村的老年人很少。把定点机构设定为医养结合模式，不仅能够让医疗、养老资源发挥最大的效益，促进"医养一体，两院融合"模式更好地发展，还能让老年人安心养老的同时享受到更正规的医疗服务。医疗专护是在定点医疗机构（医院或者康复医院）里面设立专门的病房，主要针对的是那些需要时刻观察、长期看护的重度失能的老年人。J县医院里就有一家医养中心，入住的老年人即能医中有养又能养中有医，让医疗和养老充分结合。他们会为那些老年人提供最专业的医疗护理，如果发生病情突发的情况,医护人员可以对其进行及时专业的治疗,最大程度上保障他们的生命健康。机构护理是在定点的医养护理机构进行护理,主要是一些中度失能的老年人。J县的医养护理机构有12家,重点分布在县、乡、村,就是为了保障农村的老年人能够就近享受到专业的护理服务。

居家护理就是有专业的医护人员定期去被护理人员的家里进行上门护理,这样可以更直接地了解到被护理人员的身体情况,并且能够针对他们的健康状况制定相应的护理计划,提供不同的护理服务。根据调查,J县居民的思想仍比较传统,尤其是许多农村的老年人不想离家接受护理。所以,居家护理模式在刚刚推出时就受到了极大的支持,许多农村老年人不用出家门就可以享受到专业的护理服务。居家护理提供的服务内容大体上可分为三种,一种是由专业的医护人员进行医疗护理,一种是提供基本的生活护理,这可以是专业的也可以是非专业的护理,还有一种服务是对老年人的心理进行一定的疏解等等。结合自身的特点,J县推行了居家护理模式并且还与专业的医养服务公司合作。荣瑷医养公司有着丰富的护理经验,他们提供的服务包括上门服务、进行专业护理的同时还会帮助老人进行心理疏导、打扫卫生等,除此之外还对护理对象的子女进行简单的护理培训。荣瑷公司每周都会安排专业的医护人员到参保人员的家里,根据所提供的服务项目,对其进行医疗护理和生活照护,并且还会根据这次服务对象的身体状况以及家属反映的情况制定合理的护理计划和治疗方案,这让老年人足不出户就能感受到切实的服务、专业的护理,有效地提升了农村老年人尤其是贫困人员的就医、养老以及失能护理服务水平。

综上,在这些照护模式中,有超过三分之一的居民选择居家进行护理。老人们选择居家护理一方面是受传统思想的影响,还有一方面可能是经济条件不允许,机构护理的护理费用可能比较高,许多老年人没有经济来源,所以只能在家里依靠子女进行照护服务。目前J

县推行的是“医养结合”模式,在医院进行养老或者在固定的定点机构养老,可以在养老的同时享受到专业的护理,如果身体出现任何状况可以及时有效地发现并治疗。另外,在机构里面结识许多老年朋友,可以让他们的老年生活过得更加丰富,所以居民选择机构护理和医疗专护这两种模式的合计占比超过一半。

(三)定点机构发展情况及护理人员供给情况

J县的试点定点机构涵盖了县级、乡级和村级以及民营机构四大类(见表1-8),其最终目标是希望形成县级医养机构最专业、乡级医养机构最全面、村级医养机构最根本、社会医养机构为补充的多样化医养结合体系[1]。J县结合自身的实际情况,通过推行医养结合的模式,将养老机构和医疗机构结合起来,把乡级、村级的养老院和幸福院结合起来,使这些整合的机构形成定点机构医养中心,利用政府发放的补贴扩建改建基础设施,并通过机构间的资源共享、功能融合,让更多的老年人能够过好晚年生活。

表1-8　定点服务机构基本情况

项目	县级	乡级	村级	民营
机构名称	福缘居老年医养中心	夕阳红医养中心	幸福田园医养中心	健民医养中心
人员总数	医护人员36人	医护人员20人	医护人员5人	医护人员11人
床位	80张	50张	20张	60张
收费标准	1000-4000元/月其中,半失能:2360元/月;失能:2860元/月	1000-3000元/月	800-2000元/月	900-2200元/月,半自理:1200元/月;失能:1800元/月;特护:2200元/月

数据来源:根据调研整理。

[1] 周亮、巨鹿:《探索县级医养结合的改革样本》,载《中国社会工作》2018年第26期,第18-19页。

通过比较可以发现，各级定点服务机构的相同点是都同时兼具了“医”和“养”的服务特质，期望在政策的帮扶下实现“医养共同体 + 长期护理保险”的保障模式。它们都是根据老年人提交的失能材料上的失能等级，收取不同的护理费用。其不同点是J县对这些定点机构都分为不同的等级、不同的星级，所以不同的机构如果星级不同，他们提供的护理服务内容就不同，相应的收费标准也不同。入住医养机构，政府也会对入住人员进行一定的补贴，比如入住二星的定点机构，重度失能的老年人每天是110元，一个月的护理费用大概是3300元，如果在统筹区域内，报销比例是65%，那么个人只用负担1155元，如果是贫困户或者其他情况，政府还会对每个人额外补贴100元，最后算下来个人每个月只用负担1000元左右的护理费用，这大大减轻了老人及子女的经济负担。

护理人员包括专业的和非专业的，J县在专业的护理人员供给人数方面严重短缺。根据调查，许多护理人员学历水平低，没有专业的护理知识和技能，所以相应的护理服务水平也比较低。非专业护理人员的供给同样短缺，并且存在专业技能落后、护理人员年龄偏大等问题。这些非专业的护理人员一般都是退休者，其年龄和知识技能限制了所能提供的服务内容，只能从事简单的生活方面的照护，比如洗衣服、做饭等工作，无法对老年人的心理进行疏导。

（四）长期护理保险试点地区的创新之处

其一，采用“共保联办”的管理办法。J县根据自身的实际情况，与商业保险公司进行合作，让人保财险J支公司参与进来，在推行长期护理保险的过程中如果发生了风险，县医保局会和保险公司一起承担。J县一直坚持让政府占据主导地位，采用引入商业保险参与管理的方式，让长期护理保险更好地推行下去。在共保联办的过程中，如果长期护理保险基金在扣除待遇支付和保险公司的成本之后出现亏损，人保财险公司会先承担亏损的部分，经过政府审计以后，保险公司和医保局会按照1∶1的比例共同分担；如果有剩余，一部分会作为保险公司的盈利，其余部分会作为下一年度的基金，保险公司与政府通力合作，有利于实现政府与商业保险机构双赢的局面[1]。

其二，采用“智能化”的管理系统。随着互联网的发展，人保财险公司推出了智慧医养服务平台，主要是对参保人的日常生活进行远程监控、实时传输老年人的健康数据，医疗护理人员可以根据传输过来的数据拟定个性化的护理计划。除此之外，凡是申请居家护理的失能人员都会在床头免费配备“一键呼叫”。这个“一键呼叫”设备连接着各自的护理人员，如果失能人员发生紧急情况，就可以按中间的红色键，这样可以及时通知护理人员以便进行及时的救助，这不仅提升了服务质量和服务效果，还节约了大量的人工成本。

三、长期护理保险制度建设中面临的难点问题

（一）居民对制度了解不足且参保意识较弱

提到长期护理保险，很多人都不知道这是个什么制度。首先，它是为了应对人口老龄化而出现的新险种，在我国还处在试点时期，对它的制度定位、保障对象、筹资方式等都没有统一明确的标准。其次，它是为了解决失能、半失能老年人的照护问题而出现的险种，目的是让那些没有人照顾的失能老年人能够在晚年得到照料。J县作为一个县城，总人口40多万，农村人口占大多数。在政府刚推行长期护理保险时，居民对这一保险的关注点并不是它能给个人带来多大好处，而是更关注需要缴纳多少元的保险费，许多人听说是保险就有一定程度的抵触情绪，还有相当多的人根本就不知道这一保险。很多居民思想比较传统，眼光不够长远，加上政府的宣传力度不够，民众的理解能力也相对较差，导致很多人对这一保险的了解不够深入，居民的参保意识比较薄弱。

---

〔1〕 刘易辰、陈世伟：《长期护理保险制度与健康扶贫——以河北省巨鹿县经验为例》，载《农经》2020年第5期，第94－96页。

居民对长期护理保险的认知程度与参保、购买护理保险情况是成正比的。由调查数据可以看出,对长期护理保险非常了解的人员没有不参保的,其参保占比达48%;比较了解护理保险的并且参保的占比33.3%,没有参保或不购买护理保险的占3.1%;了解一点并且参保或者购买这一保险的占有18.7%,没有参保或不购买护理保险的占40.6%;不了解长期护理保险且没有参保或购买这一保险的占有56.3%。对长期护理保险的了解程度会影响对这一保险的需求量,在参保的人员中有很大一部分是跟着单位强制参保的,他们有很多人并不了解这一保险。综上,了解长期护理保险的居民大部分都参保了,而不了解的或者了解很少的居民基本上都没有参保,这说明居民对长期护理保险的认识还不够深入,并没有发现这一保险对自己的重要作用。

(二)筹资方式单一且农村地区筹资困难

如何不断优化筹资方式和筹资标准是需要重点解决的问题。J县目前的筹资来源主要是以个人缴费为主,剩余的大部分则依靠医疗保险基金,这在很大程度上可以说是医疗保险制度的延伸,而不是一个独立的长期护理保险制度。社保基金要专款专用,但是目前的情况是长期护理保险筹资占用了医疗保险基金,如果长期依靠医保基金就会影响长期护理保险的可持续发展〔1〕。长期护理保险是为了让每个人在年老失能时能够享受到专业的护理服务,这就导致每个人都有自己的预期,对护理保险的需求也就不同。

由于农村大部分地区居民的收入远远少于城镇,前者的缴费压力要比城镇大很多。在企业方面,他们的负担也很重,除了要缴纳长期护理保险费外,还要缴纳其他的社会保险费。再说政府的财政补贴方面,J县的县城与农村地区之间的财政收入存在差距,而且农村

---

〔1〕 李林、郭赞、郭宇畅:《长期护理保险制度的建立与探索——基于河北省的实践》,载《金融理论探索》2018年第1期,第57-63页。

人口占比大,贫困人口、低收入人口以及五保户较多,所以其财政补贴的压力也会相对较大。

长期护理保险的资金筹集,不能单单依靠某一个方面,政府、企业和个人都有义务去承担。面对筹资渠道单一的问题,J县的受访居民选出了他们认为最为合理的筹资方式。有70%的民众希望筹资渠道可以来源于多个方面,有24%的民众认为以个人负担为主,国家和单位辅助缴费最合理,仅有2%的人认为个人独立负担合理,其他方面的占4%。综上所述,大部分民众认为多方筹资最为合理,国家、单位和个人按比例分担不仅可以减轻政府的财政压力、个人的经济负担,还可以让社保基金专款专用,提高其使用效率。

(三)缺乏大量专业的护理机构和护理人员

护理机构和护理人员在长期护理保险平稳运行中起着关键性的作用。当前失能老人的数量在不断增加,许多家庭为了照顾老年人不得不放弃好的工作机会,如果家庭里面有一个人失去了自理能力,全家都会受到影响,这就导致每个家庭对护理服务的需求在不断地增长。因此,护理服务的供需平衡成为一个关键要素。但是J县正规的护理人员很少,专业护理机构的床位数很难容纳越来越多的失能老人。因为专业护理机构的基础设施相对完善、提供的护理内容较多,加上有比较专业的护理人员,所以很多子女会优先选择专业的护理机构,这就导致专业护理机构的床位供不应求。J县有不少的定点护理机构,但是他们所提供的服务没法满足老年人的需求。加之专业护理人员较少,他们不但年龄偏大而且没有专业的知识技能,只能对那些失能的老年人进行简单的生活照护。另外,护理人员社会地位低、工资低,这导致专业的护理人员不愿意从事这一职业,造成护理人员十分缺乏,这是一个恶性循环,需要政府重视起来。

(四)缺乏相应法规保障与政府监管不到位并存

长期护理保险制度发展比较成熟的国家都是以法律法规的形式来保障老年人的利益的。因为各地试点实施情况有很大的不同,为了护理保险的长期可持续发展，就需要制定一些法规体系来保障老年人的利益。虽然J县在试点开始推行时就已经出台了一部分的配套法规，政府对定点机构也进行了等级划分[1]，但其体系并不是很完善，政府监管仍然存在不到位的地方。有关的定点机构在管理模式、服务质量、支付标准、服务标准、配套设施等方面不尽相同，由于政府监管不到位，许多机构的星级等级和相应的配套设施不匹配，有些机构为了自己盈利，故意增加护理费用，很多老年人付不起费，有些护理机构虽然费用低但相应的基础设施却不完善，这会大大降低护理机构的为老服务质量。

四、促进长期护理保险制度稳健发展的对策建议

（一）加大政府宣传力度与支持力度

调查显示，有29.4%的人认为政府要增加对长期护理保险的宣传力度，让更多的人了解它才能有更多的人参保。政府应该加强对长期护理保险的宣传引导，加大对相关政策的解读力度，让更多的人认识并且了解长期护理保险，改变民众尤其是农村居民对其的错误认知，同时做到应保尽保。要更加注重对青年人群的宣传，虽然他们目前对这一制度的需求力度较小，但是为了保障自己今后的老年生活，他们应更加关注这一制度。为了让长期护理保险更好地实施，政府应该增加反馈机制听取广大群众的意见和建议，以满足老百姓的真实需求。这一制度的推进离不开政府的支持，相关政策的解读要通俗易懂，让广大居民尤其是农村老百姓真正了解到护理保险的优点，取得他们的认可，让他们真正看到这是一个惠民利民的好政策。

（二）制定相应法规以保障制度平稳运行

一个制度能够平稳发展离不开相关法律法规的保障。在许多国

[1] 刘易辰、陈世伟：《长期护理保险制度与健康扶贫——以河北省巨鹿县经验为例》，载《农经》2020年第5期，第94－96页。

家，建立制度的前提都是先出台一部法律法规，先公告后实施，在实践的过程中通过条文修改逐步完善制度设计。因为长期护理保险制度涉及的方面比较多，比如保障对象的范围如何界定、失能标准如何认定、护理方式模式怎么合理等等非常复杂。所以就需要发挥政府的主导推动作用，制定一套相对完善的法规体系，从法律的层面对制度进行规范和指导，为其可持续发展提供一定的法律保障。同时，法律法规的建立还要充分考虑本地区的现实情况，比如它的经济发展水平、其他社会保障制度的发展情况、各种基础设施的完备情况，还有最重要的一点就是当地老年人对长期护理需求的多少。所以，为了制度能够平稳持续运行下去就需要建立一套符合本地区特点的有关长期护理保险制度的法规体系。

（三）建立多元化筹资机制

为了保障长期护理保险基金能够更充足、更稳定，政府应该鼓励社会方面的积极参与。如果单单依靠个人或者医疗保险基金，短期来看个人缴费还可以支撑下去，依靠医保基金也具有一定的合理性，但是从长期来看，个人缴费经济负担会有所加重，依靠医保基金会随着医疗支出的逐年增加而造成巨大的财政压力〔1〕，财政压力过大就会影响长期护理保险制度的健康发展。J县可以根据居民选择的护理模式，采用不同水平的缴费比例，对于选择机构护理或者医疗专护的人群可以在医疗服务费用方面征收比例大一些，对于选择居家护理的人群可以在自费服务方面征收比例大一些。同时，有13.7%的受访居民表示应该增加一些具有商业化性质的护理保险，这些护理保险产品能够很好地补充医疗保险和养老保险的不足，让更多的人在年老时能够享受到护理保险带来的裨益。所以为了长期护理保险制度的可持续发展，应该让政府、企业、个人、社会团体等联合起来，

〔1〕 孙敬华：《我国长期护理保险制度试点：现状、问题及对策——以青岛市为例》，载《山东行政学院学报》2020年第1期，第81－87页。

发挥各自的力量，承担相应的责任，形成多层次、多元化的筹资渠道。

(四)加快建立更专业的照护队伍

护理人员的专业能力与护理质量有很大的联系，护理人员的专业水平越高，护理质量也自然越高，反之亦然。调查显示，有超过一半的居民认为专业护理人员的培养很重要。目前J县确实存在专业护理人员短缺的问题，并且现有护理人员专业度不高。政府应该提供政策支持，对现有护理人员进行定期培训，让更多更专业的护理人员加入进来。J县与医养服务公司合作，为不愿意离家的老年人提供居家护理服务和上门服务，特别是对服务对象提供疾病防控、康复治疗等一系列护理服务时需要由专门的护理人员进行。但由于长期护理保险是新兴险种，许多大学并没有开设过多与护理保险相关的专业课程。大学是培养各种人才的地方，如果今后能在大学开设相关课程，就会增加更多专业的护理人才。另外，政府要注重对现有照护人员的培养，改善护理人员的福利待遇，对护理人员进行岗前培训，实行持证上岗，还要为这些照护人员营造良好的就业氛围，改变照护人员社会地位低、待遇低、文化素质低的现状，以便为老年人的长期照护提供更专业的服务。

CHAPTER 02 >>

第二章

完善分类分层的社会救助体系

完善分类分层的社会救助体系是社会保障事业高质量发展的客观要求。夯实农村最低生活保障兜底功能、提升农村医疗救助健康减贫成效、推动实现高校贫困学生精准资助是完善分类分层的社会救助体系的重要方面。

第一节　夯实农村最低生活保障兜底功能

农村最低生活保障制度在社会救助体系中具有基础性兜底保障功能。完善农村最低生活保障制度对于维护农村居民基本生存权益、统筹城乡低保制度建设具有重要的现实意义。结合对北京市郊区农村的实地调研,本节考察了农村最低生活保障制度在实践运行中存在的主要问题,并从准确界定低保对象、科学制定保障标准、提升资金筹集效率、健全内部与外部监管、提升农村基层经办能力等方面提出了相关完善建议。

一、引言

我国目前存在城市和农村两种不同的社会保

障制度，但由于农村城镇化建设的不断推进，城乡一体化也在不断发展，这就要求不断提升农村居民的生活水平，因此农村最低生活保障制度越来越成为社会保障体系建设中不可或缺的重要组成部分。建立健全农村最低生活保障制度是促进首都社会和谐稳定的需要，也是北京市实现城乡协调发展的客观要求。1997 年，北京市顺义、延庆地区农村居民低保制度试行。2002 年初，低保制度在北京市正式开始全面实施。但北京市政府只规定了城乡居民的最低生活保障和最低指导标准。[1] 2006 年，北京划定的农村居民最低生活保障水平仅为每月 132 元。2007 年，最低生活保障制度已在全国范围内广泛建立。从 2017 年 7 月 1 日起，北京市的 13 个涉农区县已经全部实现了城乡标准一体化。本节通过实地访谈等方法对北京市郊区农村进行调研，了解当地现行农村低保政策实施情况并进行评价，进而提出具有可行性的完善建议。

二、农村最低生活保障制度的改革探索

北京市的社会救助制度在一开始建立的时候，存在着制度设计、标准设定等诸多方面的城乡差异。近年来，按照城乡统筹和城乡公平等新理念，北京市将农村低保作为工作的侧重点，通过加大农村低保标准的调整幅度等举措以缩小城乡差距。2017 年 7 月 1 日，北京市的 13 个涉农区县已经全部实现了城乡标准一体化。这主要是考虑到北京市特殊的城乡发展水平。北京市的各区县政府都已设立专项小组，增加办事专员定期落地农村，从更加贴近农村居民的角度来办理农村低保事项。2019 年 1 月 1 日，北京市正式实施了《关于进一步加强社会救助家庭经济状况认定工作的指导意见》和《北京市城乡居民最低生活保障及低收入家庭救助制度实施细则》。从总体上看，

---

〔1〕 陈卓群、周树辉：《城乡一体化进程中农村最低生活保障制度实证研究——以北京郊区为例》，载《当代经济管理》2015 年第 9 期，第 49－54 页。

颁布的新政策体现了三个特点:一是保障对象界定的精准性大大提高;二是低保的审核审批更加及时,建议从收到申请至最终批准尽量在23个工作日内完成,大大缩短了贫困家庭申请低保的时间;三是大大提高了低保救助的有效性。

(一)低保资格审核人性化

自2019年1月1日开始,北京市正式实施《关于进一步加强社会救助家庭经济状况认定工作的指导意见》,对最低生活保障家庭的资格审核审批程序提出了新的具体指导意见。由于北京市整体的居民收入水平在逐年提高,结合上海等国内一线城市的经验,此次的指导意见中也放宽了救助认定的标准,降低了财产认定的准入门槛:从人均不超过23个月城市低保标准之和,变更为更加细致的两人及以下户家庭人均不超过上年度本市居民人均消费支出的1.2倍;3人及3人以上户家庭,人均不超过上年度本市居民人均消费支出。另外,如果居民在申请或已获得社会救助期间,家庭成员突然发现患有重大疾病或者突发重大变故等紧急意外情况,家庭财产发生了剧烈的异常变化的,各区县可以根据特殊情况制定具体的处理办法。这样既充分考虑了地方政府在政策执行方面的实际需要和寻求救助家庭的实际情况,又体现了政策的人性化和灵活性。

(二)放宽对低保申请家庭的车辆认定限制

在2018年及以前的政策中,家庭成员名下只要拥有机动车辆(除残疾人专用摩托车外)就不符合社会救助的申请条件。但通过实地调查走访发现,北京市农村居民很多都有农用车辆。由于家人患重大疾病需要照顾等特殊原因,他们的生活十分拮据,而且很多农村家庭因为家人身患重病才突然成为贫困家庭,他们需要私家车等方便快捷的交通工具带着患病的家人到市区就诊。2019年的新"指导意见"规定中给予各区县在低保资格认定中车辆指标核查的自主性,明文规定了居住在北京市城六区以外,家庭拥有唯一的一辆机动车并且该机动车辆是用于家庭成员特殊情形的(如因罹患重大疾病经诊断需要在北京市城六区内医院长期就医等),可适当放宽认定条件,各区县可酌情处理。这样就很好地解决了本市农村贫困居民看病方便与申请农村最低生活保障之间的矛盾。

(三)对特殊群体进行政策上的倾斜

建立农村最低生活保障制度具有较高的社会效益。在本次的新规定中,北京市也对于特殊贫困人口有了一些政策上的倾斜。实施细则对2018年以前颁布的政策进行了有侧重点的调整,首先新细则更有针对性地加大了对特殊困难群体的保障力度,将特殊群体保障由"保家庭户"变成了"保个人"。这次的新细则特别提到两个特殊群体人员可以直接纳入低保:低收入家庭中的重度残疾人和符合本市低保家庭财产规定的依靠兄弟姐妹扶养或依靠60周岁以上老人抚养的成年无业重度残疾人。在此新规颁布以前,许多重度残疾人想要享受到救助必须从原有家庭中单列出来自立门户。新细则颁布以后,这些特殊困难群体不需要单独立户也可以享受到必要的生活保障。除此之外,还可以按照本市当年城乡低保标准的24%给一些正在受教育的贫困学生发放生活补贴,包括北京市城乡低收入家庭中16周岁及以下未成年人和16周岁以上接受全日制本科及以下教育的在校学生。这样能够缓解低收入家庭养育未成年子女的负担,让寒门学子有了更多的经济实力来支撑他们完成学业,让他们未来有能力更好地改善家庭环境和回报家乡发展。

(四)在低保工作中做到简政放权

细则中提到在审核审批程序方面,低保、低收入家庭需要提交审核审批的可选材料已经压缩到了3项。互联网的发展使很多数据都可以直接在政府内部网站上查找到,因此新的实施细则规定凡是可以通过信息核对获得的,最低生活保障名额的申请人不需要再耽误时间去准备和提交这部分系统可查的认证材料。另外,北京市还建立了低保审核审批的动态调整机制,取消了低收入家庭一年有效期,通过每年定期复核的形式,参照最低生活保障标准实施动态管理,使低保的审核和审批程序更加科学和简捷。通过政策调整，北京市的最低生活保障实际救助对象比2018年扩大了将近一倍。考虑到北京市各区的实际发展情况不同，新政策中明确了要给北京市各区县更大的自主空间，同时要求办事人员加大监察力度，让政策能够更好、更快地惠及困难群众，体现了对贫困农村居民的人性化照顾，使制度变得更加有温度。

三、农村最低生活保障制度建设中的主要问题

（一）低保对象的识别和瞄准问题

按照低保制度规定，认定低保对象的主要依据是申请低保户家庭的实际收入和财产情况。但农村就业机会少，大批农村人口会选择外出务工、灵活就业（俗称的打零工）等增加收入，因此申请家庭的实际收入很难准确核实。同时，传统农业、种植业和养殖业的收入会因土地情况、自然情况以及劳作水平差异和当时的市场情况等因素形成波动，使得农村人口主要依靠的农业生产收入难以准确衡量。另外，不同的家庭所选择的赡养方式不同，赡养、抚养等费用也难以量化计算。这些现实的原因给低保对象的识别和瞄准带来了很大的困难。

确定农村最低生活保障目标人群的困难源于难以确定基于收入的定义方法。一些专家指出，低保对象生活补偿的标准规范应由系统设计和识别技术决定。目前北京市依靠贫富的排名，以确定低收入家庭。虽然它可以正确识别低收入家庭，但基层在此项工作上的热情不高。如果单单制定“硬制度”，难免存在特殊情况，无法照顾到个别农村贫困人口，如果单单制定“软制度”又无法保证财政资金真正用到应保对象。农村村委会作为最基层的群众自治组织，是低保对象识别和瞄准的第一关。通过实地调查发现，农村村委会的工作人员大多是村中30岁左右的家庭妇女或者村中享有威望的中年男子。农村浓重的人情社会氛围，使得基层群众自治组织的人员知识

水平、办事效率、整体素质不高。因此,贫困情况的复杂性、农村基层工作人员的素质不均也给农村低保对象的识别和瞄准带来了较多困难。

(二)财政支撑能力问题

随着我国社会保障政策的逐渐完善,农村低保的覆盖面越来越广,相应的资金需求也越来越多。地方财政是农村低保资金的最主要来源,但地方财政又需要考虑和兼顾其他领域的发展。因此,在制定农村最低生活保障标准时,不同地区的政府财政承受能力成为一个非常重要的需要深入考虑的因素。

各区县经济发展状况是地方经济宏观供给能力的综合反映。区域内企业发展情况、政府财政负担能力大小、城市和农村居民的实际收入水平等,这些实际因素都直接影响到某个区县及其农村地区最低生活保障水平的高低,并决定一个区县的最低生活保障资金支付能力。通过对区域 GDP、税收和支出三个指标的平均值来考察北京市各区县最低生活保障资金的可负担能力可以发现,延庆、密云、门头沟等远郊区县的资金可负担能力较差,但他们的农村人口占区域总人口的比例却比东城、西城等资金负担能力较高的区域高出很多。随着北京市城乡低保标准差距的消失以及人民生活水平的不断提高,逐渐提升的救助资金需求对于经济欠发达的郊区财政提出了更高的要求。

在低保标准的制定方面,如果标准设置得太高,它将超出政府可承受的能力范围。如果标准定得太低,则不能保证贫困人口的基本生活,这样不利于社会稳定。北京市各区县发展不均衡,贫困人数和财政负担也不同。尽管看起来北京市各个区县的低保水平都在逐年升高,但因为经济发展水平较高区县的低保支出占其地区 GDP、财政收入和税收支出的比例较小,其实际负担会相对较轻。在经济发展水平相对落后的区县,虽然最低生活保障支出金额比发达地区稍低一些,但由于其低保支出占本地区 GDP、财政收入和税收支出的比例更大,其实际财政负担会相对更重。因此,需要认真考虑以下三个问题:财政能否提供充足的低保资金、财政用于低保的资金分配是否合理,财政能否在满足其他社会建设需要的同时最大限度地满足贫困人口的需要。

(三)农村基层经办能力问题

实地走访调查发现,绝大多数村委会都存在即使是简单快捷业务(如注册登记等)的办事周期也需要将近一周的现象。这表明农村基层的业务经办能力远远不能满足现实需求。农村基层经办能力不足的原因主要体现在两个方面。

其一,需要经常直接与群众打交道的基层部门"事多人少"的现象十分严重。大部分乡镇的事务庞杂,但仅有一两名负责人员,除了最基础的包括低保、特困供养、临时救助、福利事务、社会组织管理等社保体系中的工作外,他们往往还要负责残联、红十字会等工作。而北京市的村庄大多是几千户的大村,人口密集,这样一两个人是难以在规定时间内做到逐一入户核查低保申报对象具体家庭经济状况的,往往只能依赖当地的村委会来进行调查核实。由于乡村群众所处的地理位置较偏、村民的法律意识及权利意识不强等原因,这容易给一些村庄的"人情保""关系保"提供可乘之机,造成一些"错保"或"漏保"问题。

其二,基层工作中的某些工作人员存在消极的负面情绪。为了减少腐败、失职问题,各级部门对基层低保工作的监督、执纪、问责的力度都在不断加大,个别的基层干部产生了"宁漏勿错"的心理倾向,宁可漏报一个,也不愿错报一个"引火上身"。这样就很容易引发"漏保"问题,使那些在低保申请标准边缘或有特殊情况的贫困群众不能享受到政策应有的关怀和帮扶。

四、完善农村最低生活保障制度的对策建议

(一)准确界定低保对象

其一,通过先进的技术方法来进行数据分析,用大数据等来解决

低保对象的识别问题。在此基础上,再结合当地的实际情况,通过基层干部调查走访、实地考察情况等方式来达到“扶无遗漏”的目的。其二,要通过准确地识别和瞄准,做好低保对象的定位工作。首先需要建立年度核查系统和重点低保对象的跟踪管理制度。要尽快形成一个可以让保障对象根据不同情况有进有出、补助水平根据群众需求和财政收入有增有降的切合群众需要和实际发展的动态管理机制。随着经济的发展、群众生活水平的提高,需要建立一个动态的低保标准调整机制,以确保真正困难的低收入家庭能够切实享受低保待遇。其三,通过建立和完善贫困家庭收入申报和统计审核制度,改进目前古板的家庭收入计算的方法。此外,还应重点监测农村低保等社会救助资金的管理,严肃调查和处理贪污侵占等现象。

(二)科学制定最低生活保障标准

低保政策事关国计民生,需要根据群众的实际需要以及当地的实际情况进行更加科学化、人性化、有侧重点的调整。在确定最低生活标准时需要考虑许多因素,例如当地经济发展水平、物价水平和人均可支配收入等等。农村居民的一大特点就是拥有土地,但随着工业化的发展,越来越多的农村居民成为失地农民,这是在制定标准时需要考虑的特殊因素。低保标准的制定既要符合当地的经济发展水平,又要兼顾地方财政的承受能力,贫困人口存在着各种各样的特殊情况,因此需要制定一个有弹性的低保标准。

农村生活费用的最低保障水平标准大体上包含最低的基础食品需求和一小部分非食品需求,其中基础食品需求的比例应占到大部分。与此同时,贫困人口的基本需求也随着经济的发展而发生了巨大的变化。通过对比近十年北京市城镇居民和农村居民的恩格尔系数及人均消费可以发现,城镇居民与农村居民的消费物品种类基本一致,不管是远郊的“农村大区”还是五环内的“城镇大区”,人均消费金额在逐年靠拢。因此,建议北京市各区县政府每年计算一次最低生活保障的标准,并根据各区县的经济发展水平的高低、财政负担能力的大小、物品价格指数的涨落及其他因素的变化及时进行调整。

（三）提升低保资金筹集与管理的效率

其一，为了缓解财政的压力和负担，更好地实现财政在低保资金上的配置，需要建立一个以政府资金为主、社会公益资金广泛注入的模式。当然这一模式还需要更多的探索以及完善的制度政策来保障其安全平稳地运行。在资金分配方面，应注重帮扶弱势区县、乡镇和贫困人口聚集的行政区域，让钱用在“刀刃”上，更有效地发挥每一分资金的作用。

其二，可以通过不断完善医疗、助学等配套政策来减轻最低生活保障的资金压力。众所周知，贫困人口本身的教育水平低或者家庭中主要劳动力因病残导致劳动力缺乏是造成农村家庭贫困的一个显著原因。因此，想要预防贫困，最有效的方法就是在为这些贫困人口提供更加科学有效的最低生活保障扶助的同时，也要提供更加普遍的教育援助和医疗救助。在现阶段，一些地区已经在农村低保制度的基础上，探索出了诸如残疾人再就业技能培训、增加教育专项补贴等方式，通过查漏补缺把各项救助配套政策有机地衔接起来，逐步形成针对农村贫困人口的全方位、宽领域、多层次的救助体系，这样可以更好地把保障农村贫困群众基本生活的安全网织得又密又实。

（四）健全低保资金的内部与外部监管

其一，有必要在民政部门建立低保资金的内部保障制度。首先，必须监督低保户的申领资格以及采用定居点查验等方式以防止低收入家庭的虚假陈述和冒领情况的发生。其次，审计监督部门应定期审计和监督农村低保资金的分配和使用情况，确保资金实际用于应该享受低保救助的贫困人群身上。

其二，可以通过舆论监督和有奖举报等方式来利用全社会的力量规范办事人员的行为。一是要保护和奖励举报群众。要充分发挥农村的“人情社会”特点，通过村民对本村低保户生活状况比较了解这一绝佳优势，以实实在在的物质奖励与授予“模范公民”等精神奖励相结合的方式，对低保名额核准有重大贡献的举报者给予鼓励。

同时，为了防止举报人员遭到恶意的打击报复，要建立相应的保密机制和保护机制，为举报群众消除后顾之忧。二是要加大惩处力度。可以通过罚款、降级、处分等方式，严厉打击低保政策实施过程中办事人员存在的不良行为、违法行为。

其三，要强化新闻舆论监督的力量。政府要不断鼓励和加强新闻媒体的责任感，通过组织媒体公开座谈会或其他活动等方式引导新闻工作者聚焦民生，关注农村低保政策实践情况，及时发现优秀基层工作者，利用媒体传播广、速度快的优势，充分发挥正面典型的宣传引导作用，同时也要及时曝光依靠人情和关系骗保的现象。

（五）提升农村基层经办能力

首先，要加强组织领导和强化部门协助。县和乡镇政府的负责同志应认真履行职责，经常听取有关情况报告，及时发现和解决工作中的问题。要做好农村低保工作，基层组织的作用至关重要。基层工作人员直接面对困难群众，任务繁重。这就要求县乡管理机构在基层人员配置、必要的工作条件支持方面进行科学整合。民政部门应为乡镇提供低保管理人员，每个村确定一名工作人员。财政支持必须包括县、乡、村三级的低保资金支持，以保障工作的正常运转。

其次，要大力推进宣传工作。在内部要强调党和政府对人民的帮扶责任，在外部要宣传党和政府执政为民的情怀，增强困难群众的信心和克服困难的勇气。要在农村全面宣传低保政策的主要内容，引导群众正确认知低保的功能，引导信息相对落后的农村群众正确行使知情权、参与权和监督权，促进社会、政府和群众多方合作，共同做好低保工作。

第二节　提升农村医疗救助健康减贫成效

农村医疗救助有助于贫困人群减轻医疗负担、保障健康权益，是一项旨在降低贫困风险、促进城乡医疗公平的重要的社会救助制度之一。结合对河北省农村地区的调研,本节分析了农村医疗救助运行中面临的主要问题,并从扩大医疗救助受益面、提高救助资金利用率、完善资金筹资机制、简化救助申请程序等方面提出了相关完善建议。

一、引言

在农村医疗保障制度不断发展完善的背景下,农村居民医疗卫生服务利用状况得到了一定的改善,但农村居民因病致贫、因病返贫问题依然突出。河北省承德市 L 县曾是省级贫困县。作为经济发展相对落后的地区,承德市 L 县第二、三产业较少,农村居民主要依靠第一产业的收入维持基本生活。近年来随着国家和社会重视程度的不断提高,新农合的住院补助和门诊补助、针对女性的农村孕产妇补助、新农合中二次报销的大病救助等使 L 县农村患病人群得到了更多的照顾和帮助。但疾病健康问题依然威胁着农村贫困居民的生产生活。医疗救助是一项为贫困人群托底、促进城乡医疗公平、帮助弱势人群共享改革成果的社会救助制度。[1] 本节结合对河北省承德市 L 县的实地调查,旨在分析农村医疗救助政策的实际发展状况并提出农村医疗救助未来发展应完善的主要方向。

二、农村医疗救助的普及度及认可度

承德市 L 县是少数民族自治县,位于河北省北部,经济发展相对落后。尽管近年来农村医疗救助政策的实施使当地居民看病得到了一些补助,但是救助水平依然偏低。农村医疗救助政策的不完善使得农村居民的健康仍然受到威胁。为了能够更加清楚地了解农村医

---

〔1〕 陈千、马玉琴、汪博等:《农村医疗救助的目标探讨》,载《医学与哲学》2014年第10期,第54–56页。

疗救助的发展状况，本文以承德市L县为例，采用问卷调查法和访谈法深入实地进行了相关调研。

（一）农村居民对医疗救助政策的了解渠道

调查显示，河北省承德市L县农村居民整体身体健康状况良好。被调查者中有60%的人偶尔得病，这部分人一年也不会去几次医院；有31%的人很少得病；但有2%的人长期患病。通过访谈了解到，这一人群需要常年吃药，无法进行正常工作，有的人还是家里唯一的劳动力，其生病后家里的生活便主要依靠领取低保维持，生活非常艰辛。

在受访者中，有一半的人是通过电视上的报道或者新闻了解农村医疗救助政策的。但是电视上对于医疗救助政策内容的介绍有限，所以要想系统了解农村医疗救助政策光通过电视了解是不够的。当前农村的经济发展水平支撑不了每户人家都有电脑并通过网络了解医疗救助的相关知识，再加上农村地区受教育水平有限，一些上了年纪的人接受信息的能力较弱。另外，还有20%的人是通过报纸了解到医疗救助政策的。他们一般会选择《燕赵都市报》或者《承德日报》来获取信息，但是大家普遍反映报纸上并没有具体的医疗救助比例和申请医疗救助的具体程序。还有10%的人通过亲戚朋友间的交流了解一些关于农村医疗救助的知识，另有10%的人通过其他方式了解相关内容，他们大部分都是进行网上浏览的年轻人。

（二）对于医疗救助政策内容的了解及就医选择

调查显示，农村居民对医疗救助政策相关内容了解得很少。只有33%的人表示了解一些相关救助内容，而不了解的人所占比例较大。通过访谈了解到，他们知道门诊补助、住院补助等内容，大多数人是因为家中有人申请过补助、办理过相关手续，因此才有些了解。其中，有18%的人了解起付线和封顶线；有8%的人了解救助比例，而且他们中的大部分人领取过补助；只有少数人没有申请过补助而了解相关知识；还有6%的人了解其他方面的内容，但是仅有5%的人了解医疗救助申请程序。在访谈中，村民建议应在医院、镇政府等地更加明确地标示出救助申请程序，同时让更多的人了解领取医疗救助的申请资格，加大农村地区医疗救助政策的宣传力度等。

在生病后的选择中，有45%的患者选择指定民营医院就诊，这是因为民营医院就诊的患者少，一方面可以缓解排队等候的压力，另一方面一些民营医院的药品由于产地不同价格偏低一些。选择指定公立医院就诊的人群占29%，通过访谈了解到，他们中的大多数人认为在公立医院就诊更容易得到认可，也更容易享受医疗救助。除了8%的人根据生病的具体情况再定以外，还有18%的人选择自己买药治疗，这部分人有的是因为经济困难，也有的认为用医保卡买点药省时省钱。

（三）对于大病医疗和农村孕产妇补助的了解情况

新农合中的大病医疗救助主要针对超过新农合封顶线以外的需要救助的部分。L县农村孕产妇补助由县妇幼保健院统一规定，只有本县户籍的孕产妇才能领取相应的补助金。如表2-1所示，被调查者中有4%的人不了解新型农村合作医疗，还有一小部分年轻人对于新农合不太了解，甚至没有听说过。同时，被调查者中有97%的人不了解大病医疗救助，有3%的人了解大病医疗救助是因为自己或者亲戚得到过大病补助。被调查者中有51%的人了解农村孕产妇补助政策，36%的人了解参加新农合后产妇顺产和剖宫产的报销差异。通过对医院主要负责人员的访谈了解到，目前L县农村因为剖宫产手术需要花费的较多，剖宫产会比顺产得到更多的补助，但医院工作人员还是建议顺产，这样对大人和胎儿都好。总体来看，农村居民对于大病医疗和农村孕产妇补助的认知普遍不足。

表 2－1　居民对于新农合和孕产妇补助的了解状况

项　目	了解	不了解
是否了解新农合的内容	96%	4%
是否了解新农合的目的	87%	13%
是否主动了解新农合政策	79%	21%
是否了解大病医疗救助	3%	97%
是否了解孕产妇补助政策	51%	49%
是否了解顺产和剖宫产的补助差异	36%	64%

数据来源：依据调查数据整理。

（四）医疗救助政策的群众满意度及需要改进的方面

在被调查者中有 52% 的人表示获得过医疗救助，有 3% 的人得到过新农合二次报销；有 36% 的居民获得了农村孕产妇补助。虽然在现阶段农村医疗救助水平有限，但是对于缓解因病致贫仍有一定的作用。被调查者中有 42% 的人对于当前的农村医疗救助政策感到满意，另有 40% 的人对于农村医疗救助政策感觉一般，也有 4% 的人感到很不满。因此，农村医疗救助政策的发展与完善任重而道远。

通过访谈了解到，97% 的人认为有必要加大农村医疗救助资金投入力度，特别是农村孕产妇补助的 300 元只是杯水车薪，目前真正贫困的孕产妇家庭还不能获得额外的帮助。同时，有 97% 的人建议应该增加法律保障，做到有法可依，这样就可以减少申请医疗救助过程中出现的不公平问题。有 95% 的人认为应定期评选出办事效率高、态度好的服务人员，对于办事效率低下、态度恶劣的服务人员应给予批评。另外，83% 的人认为应该增加宣传力度，使更多的人了解大病补助的起付线、医疗救助申请资格、向哪个部门申请等农村医疗救助政策的具体内容。

三、农村医疗救助发展面临的主要问题

(一)政策宣传力度低且救助对象的资格确认严苛

通过调查发现,有50%以上的居民不了解农村医疗救助政策。农村居民大部分通过电视了解农村医疗救助政策的一些内容,并且只知道这是一项为看不起病的人提供补助的政策,但对于受益人的标准、领取部门、申请手续等方面没有过多的了解,这使得一些需要帮助的人在不了解国家政策的情况下而没有得到及时的帮助。在对乡镇医院工作人员进行访谈的过程中了解到,医疗救助中有些补助只有低保户的家庭才可以申请,那些没有领取低保但生活水平仅比领取低保高一点的家庭人员生病则不能申请医疗救助。有的医疗救助只针对贫困人口,一般是农村特困户或五保户等。但是贫困人口并不都是患病的人,农村医疗救助的对象应更加聚焦于患病的人。L县的救助对象资格需要确认是五保户或领取低保者,国内有些省份已将大学生、低收入家庭的重病人员纳入医疗救助,但L县目前还没有做到。

(二)医疗救助申请程序过于繁琐

农村医疗救助政策主要是针对农村贫困人员或者五保户家庭,因此在申请医疗救助后,民政部门会首先考察申请者是否符合领取农村医疗救助的基本要求。在医疗救助项目中,各个补助的要求有所不同,有的程序比较繁琐,因而一些病情严重的人或者急需救助的人可能在申请救助过程中选择放弃申请。以农村孕产妇补助为例,其需要先确定产妇的户籍、就医医院等情况,由乡卫生院查看手续是否齐全,然后确定同意并盖章,接着孕产妇家人要带着相关手续到县妇幼保健院申请,妇幼保健院申请通过后主要负责人员再到市里进行报表,通过后由市下拨补助金,孕产妇等到通知后方可到县妇幼保健院领取补助。关于大病医疗救助,申请程序则更加复杂。首先,由村里开取贫困证明,再到乡镇医院开取生病证明,由乡镇医院负责人员送至县级医院相关部门,由县级医院申请至市级,并且大病补助对

应的费用支出要求必须是三级甲等医院以上。这一系列的繁杂程序既给申请人带来困扰同时也是对医院工作人员的时间浪费,使及时救助失去了应有的功能。

（三）医疗救助资金投入不足和资金利用率低

农村医疗救助标准通常取决于各个省市县的经济发展水平。河北省承德市L县曾为省级贫困县,经济发展相对落后,因而地方政府无力加大对医疗救助方面的支出。另外,虽然目前医疗救助资金由财政、民政、卫健部门投入一部分,但并没有明确比例,因此医疗救助的资金来源具有不稳定性。再者,一些地区的医疗救助资金利用率低,成为其医疗救助资金结余量大而医疗救助水平低的重要原因之一。一些地方政府资金规划不合理,没有经过深入调查研究使得医疗救助水平定的过低,资金结余过多而没有得到充分利用。这既造成有些贫困人员没有得到充足的救助资金,也导致上级政府认为地方实际需要的救助资金并不多,因而会进一步降低对地方医疗救助资金的拨付。这样一来,农村医疗救助的水平将会更低,医疗救助的作用将更加无法得到真正发挥。

（四）少数民族地区农村医疗救助水平较低

河北省承德市L县曾为省级贫困县,同时还是少数民族自治县,全县由满族、回族、蒙古族等少数民族组成,以满族所占比例最大。全县农村居民大多数以农业为生,有少数的农民从事畜牧业。但由于纬度高、气候寒冷,民族地区的经济发展受到很大的制约。与发达地区相比,少数民族地区经济发展水平比较落后,自然条件恶劣,人均收入偏低,贫困现象依然存在。同时由于信息闭塞、观念落后、受教育水平较低、健康意识薄弱等原因,少数民族地区农民身体健康水平相对较差,因病致贫现象时有发生。通过对镇政府部分工作人员的访谈了解到,河北省与其他省份相比财政收入较低。因此,单靠地方政府通过财政收入来支持医疗救助资金无法实现医疗救助的应有作用。目前的农村医疗救助相关政策并没有对民族地区进行特殊规定,也没有进行额外的补助,反而由于地方政府财政收入有限使得当地医疗救助水平偏低。

四、完善农村医疗救助的对策建议

(一)扩大农村医疗救助受益面

首先,应明确政府的主导作用,政府要承担建立制度政策、提供资金、管理、监督等一系列责任。地方政府应以自身的经济发展水平为基础适度调节医疗救助资金的投入水平,以避免出现当地医疗救助水平低于全国水平的现象。政府应组建专门的小组进行实地调研,不应将补助对象局限于五保户、农村贫困户家庭成员,可以将经济困难的大学生、低收入家庭的重病人员、处于贫困边缘的人群纳入医疗救助范围。[1] 而农村孕产妇补助政策也不应以户籍为依据,应建立全国性的农村孕产妇网,方便孕产妇领取补助,这样可以间接地扩大受益面。其次,还应强调政府、慈善组织、医院的共同参与及协作发展。应鼓励一些非营利组织包括慈善基金会等提供一定的医疗救助资金,在能力允许的情况下可以拿出一些善款资助医疗薄弱的地区,既可以提高贫困地区的医疗救助水平和扩大受益面,也能减轻政府对于医疗救助资金投入的压力。

(二)提高农村医疗救助资金的投入力度和利用率

为了保障农村医疗救助工作的正常运转,提高对农村医疗救助资金的投入和保障稳定可靠的医疗救助资金来源非常重要。应针对不同程度的农村贫困地区进行实地考察,确定其资金需求情况,通过实地考察结果决定各地区不同水平的医疗救助资金投入标准,进而区别资金投入量,增加对特殊地区的投入力度。中央政府应保证区域医疗救助资金投入的基本量,从财政拨款中明确每年用于医疗救

---

〔1〕 李修康、张晓文:《广西农村医疗救助:现状、问题与发展对策》,载《卫生经济研究》2011 年第 4 期,第 34 - 36 页。

助投入的比例,同时建立完善的医疗救助资金管理体制。

为解决农村医疗救助资金的使用效率偏低问题,医疗救助资金应该本着“能救则救”的原则,尽可能地进行充分利用,使其以最少的投入得到最大的效用。国家应每年统计用于医疗救助的资金投入趋势以及结余资金量,制定更加符合实际的预算模式,对于救助资金结余过多的省份进行预警通告,同时对于资金应用合理的地区给予表扬。

(三)完善农村医疗救助资金筹资机制

我国的公共服务机制如社会福利、社会救助等一直主要由地方政府承担。由于地方政府根据财政状况决定投入力度,这导致地区之间的救助水平存在较大差异。因此,农村医疗救助领域完全依靠政府筹集资金并不是唯一的可行之路。完善农村医疗救助资金的筹资机制,已势在必行。借鉴国际经验并结合我国实际,农村医疗救助筹资可以实行中央财政和地方财政共同出资的筹资机制。[1] 中央财政和地方财政的医疗救助资金具体分担比例应由各个地方的经济发展水平和财政收入状况以及医疗救助需要来共同决定。由于西部一些地区经济发展相对落后,人均财政收入较低,因此这一部分的救助资金可以由中央政府代理出资,中东部经济发展迅速、人均财政收入较高地区的医疗救助资金则尽量由省级财政承担,从而合理规划建立一个由中央政府主导、中央和各地方政府财政部门共同出资的新型农村医疗救助体系。

(四)加大医疗救助宣传力度和简化救助申请程序

假如每个人都了解寻求帮助的方式,那么他们在需要帮助的时候才知道如何去做,才能使农村医疗救助政策真正发挥其应有的作用。为此,政府可以在官方网站上公布关于农村医疗救助政策的内

---

〔1〕 张仲芳:《我国农村医疗救助筹资需求与筹资能力研究》,载《江西财经大学学报》2009 年第 4 期,第 36 – 40 页。

容,也可以通过电视频道在黄金时段进行播放宣传,使得农村居民了解申请医疗救助的条件等;还可以通过报纸杂志进行医疗救助知识的宣传,使得更多的人了解医疗救助相关政策。农村地区可以通过邀请民政工作人员做讲座等方式组织村民统一进行相关知识的学习,从而提高农村居民的政策认知水平。与此同时,为了使民族地区农村居民也能得到医疗救助政策的帮助,应特别提高对民族地区居民的健康关注和政策宣传力度。此外,还应建立统一的医疗救助结算系统,以简化医疗救助申请程序。这不仅可以缩短审批时间减少审批手续,还能加快救助资金的发放速度,同时减少贫困人员获得医疗救助的成本。

第三节　推动实现高校贫困学生精准资助

教育救助是我国社会救助体系中重要的专项救助制度之一。高校贫困学生资助政策的实施,有力地保障了上亿名大学生顺利地完成高等教育和成长为国家栋梁之材。结合对津冀等地的调研,本节分析了高校贫困学生资助工作面临的主要问题,并从明确精准资助发展方向、利用大数据网络优势、“因校制宜”精准设置认定标准、完善公示信息监督、创新资助发放形式等方面提出了相关完善建议。

一、问题的提出

我国的高校学生资助政策体系正式建立于 2007 年。党和国家高度注重高校贫困大学生的学业问题,近年来连续出台了一系列的政策和措施来推进高校贫困学生资助工作,保障了上亿名大学生的求学之路。与此同时,高校贫困学生的资助工作也显现出一些有待完善的问题。例如,相关的政策是否完善、政策的执行状况如何、最后的政策效果如何、是否达到了资助育人的目的,以及是否实现了精准资助。传统的“大水漫灌”式学生资助工作的确带来了一定程度的显著效果，但其往往无法触及边缘领域和边缘群体甚至造成大量成本浪费及边际效益降低等不足也不可忽视。而“精准资助”可以精准对焦需求对象、需求内容，全面准确地进行资助发放，灵活地监测资助标准、管理方式等存在的问题，进而及时做出调整和改进。本节主要以天津市和河北省部分高校学生精准资助工作的运行状况及政策落实效果为切入点，考察和分析大学生精准资助模式，并针对现实问题提出完善建议。本研究共发放问卷 86 份，其中剔除无效问卷 2 份，有效问卷为 84 份，有效回收率为 97.67%，问卷调查所得样本具有一定的参考性。其中，天津市和河北省的学生占比分别为 35.71% 和 46.43%，其他地区所占比例为 17.86%。

二、高校贫困学生资助工作开展状况

当前我国的学生资助已经形成了集奖、贷、助、补、减等五位一体的资助帮扶体系，各类配套的资助政策一直在不断完善[1]。其中，“奖”主要是指国家奖学金、国家励志奖学金；“贷”主要是指国家助学贷款，包括学生生源地贷款和校园地贷款两种资助模式；“助”是指国家助学金、校园勤工助学岗位等；“补”是指特困临时补助、基层就业学费补偿贷款代偿等；“减”是指减免学费、住宿费等一系列资助政策，例如师范生免费教育、退役士兵和直招士官等特殊群体的教育资助政策。总的来说，我国的大学生资助工作正在朝着具有中国特色的创新模式而努力探索。

（一）资助政策不断完善

我国的高等教育贫困学生资助政策一直在与时俱进地完善，并且开始致力于建立一套特有的资助体系。教育部最早关于高校资助政策的文件可以追溯到 1999 年 6 月发布的《关于进一步加强高校资

〔1〕 中国政府网：《高校学生资助政策最新最全版来了》，载 http://www.gov.cn/fuwu/2018-08/09/content_5312666.htm，2019-06-05.

助经济困难学生工作的通知》。2007 年 5 月,《国务院关于建立健全普通本科高校高等职业学校和中等职业学校家庭经济困难学生资助政策体系的意见》发布。2018 年 8 月,国家和教育部会同有关部门修订印发了《高等学校勤工助学管理办法》,强化了勤工助学的资助育人导向,提高了勤工助学薪金标准。在此基础上,2019 年 3 月教育部办公厅颁布了《关于做好 2019 年重点高校招收农村和贫困地区学生工作的通知》。为了更好地适应高校教育工作的发展和改革,各类资助政策如雨后春笋般接连而出,无不表明党和国家对于高校精准资助工作的重视。由此可以预见,未来我国的大学生资助工作将更加进步和精准,我国高校学生资助政策将随着形势的变化而不断完善。

(二)受资助的大学生数量逐年增加

根据全国学生资助管理中心公布的数据显示,我国近年来受资助的大学生数量在逐年增长,并且增速不容小觑。2018 年以来,在高等教育阶段(包含本专科生和研究生),共资助学生近 4400 万人次,资助金额达到了 1150 亿元,比 2017 年上涨了近 100 亿元,增幅飙升到了 9.48%。透过数据,可以欣慰地发现,我国学生资助工作正在大踏步向前迈进,未来大学生资助工作的更加完善指日可待。

(三)资金投入逐年增长

近年来,面对国际金融环境不稳定的影响,国家对学生资助的资金投入力度非但没有削弱,反而呈现出较大的增长态势。如果对比一下教育部全国学生资助管理中心 2012 年和 2018 年的数据,其资金投入和支持力度的增势则一目了然。其中,年资助金额从 2012 年的 1126.08 亿元,增长至 2018 年的 2042.95 亿元,增长率达到了 42%。年财政投入资金从 2012 年的 824.74 亿元,增长至 2018 年的 1290.08 亿元,增长了 56.42%;财政投入累计达 7281.31 亿元,占资助资金总额的 66.76%。通过对比不难看出国家有关部门对资金投入的重视程度。

（四）资助管理不断规范

自实行学生资助政策以来，国家有关部门多次通过完善相关学生资助制度和法律法规来规范学生资助工作人员的工作职责和工作范围，通过多次组织和开展多层次的管理人员业务培训、“全国学生资助规范管理年”等活动方式，不断提高学生资助管理的规范化水平。除了相关负责人员的职业技能培训外，资助管理工作还落实到了方方面面，在学生资助管理机构建设、资助政策实施、资金安全、信息安全等方面亦取得了不少成绩。

不仅党和国家在努力探索高校学生精准资助工作的运行方案，各地区、各部门也在纷纷响应政策号召，不少省区已开始探索自己的学生资助管理方案，积极推行本地区、本机构的资助工作改革，进一步明确和规范资助工作的具体工作流程和执行标准。近年来各高校资助工作取得的可喜成绩，不仅归功于相关职责部门做好本职工作，纷纷加入大学生资助工作的各类社会爱心机构和爱心人士同样功不可没。非常显著的是，各类社会捐资助学的案例在全国各地得到生动传播，取得了良好的社会效果和育人意义。

三、高校贫困学生资助工作面临的问题

党的十八大以来，我国大学生资助体系的各项指标均有不同程度的增长，资助工作的执行方面也屡现可喜的佳绩。但不可否认，当前我国的高校贫困学生资助模式还存在一些有待完善之处，政策所致力于达到的效应目标尚未充分实现。下文将逐一分析高校贫困学生资助工作各个环节的现存问题。

（一）申请环节

对于当前正在实施的资助政策来讲，学生要想获得资助，首先需要自我主动申请和提交、汇报各种材料，只有其提供的申请材料符合贫困生的认定资质才可进入下一环节。申请在目前的资助流程中处于第一环节，由于它涉及后续“候选贫困生”的名单生成，因而非常重

要。在许多高校中，大部分学生都是自己申请才有机会进行材料审核，许多真正贫困却未主动申请的学生往往失去了获得帮助的名义资格和机会。调查发现，当前高校贫困生资助的申请环节往往存在两个极端问题：一个是“过紧”，一个是“过松”。

其一，所谓申请“过紧”问题是指申请的程序和内容过于繁杂。一个家庭困难学生的资助申请需要填制各种表格。首先是要跑遍其户籍所在地的大小部门去递交材料、盖章和开具贫困证明，在这一系列手续和证明都办妥之后，还要将这些材料整理送到学校相应部门并且每种材料都要一式多份。这些材料先要交到班级相关负责人手中，然后再由班级负责人整理好送到辅导员处，辅导员再上交到学院，学院再转交至学校相应部门。

如此经过一层层、一级级的耗时工作，最终就是为了提交一张申请表而已。学生本人更是为了提交各种材料以证明自己的身份和家庭条件，跑遍各个部门和各个窗口，造成极其耗费人力、物力的工作负担。甚至有些还出现了由于某些原因不知去何处盖章和签字、部分机构部门和相关工作人员“知而不言”或者“拒而不为”的情形。现实情境中，程序的繁琐和相关工作人员的不作为、慢作为给想要申请贫困生资格的学生带来了极大的心理负担，造成很多学生因此打了退堂鼓，放弃了申请机会。

其二，申请环节的另一种极端问题是申请“过松”。该现象是指政策部门或证明部门敷衍了事，无论谁去开具证明手续，谁去签字盖章，皆一致同意批准。甚至有部分申请表格中填制的数字如出一辙地相似，更有甚者直接省去了这一前期环节，直接进入认定程序。如此一来，申请这一环节只是成了一道可有可无的表面程序，极其形式化地将所有申请者都纳入有资格的范围内，无论该申请者是否真的处于家庭经济困难状态。

（二）认定环节

认定环节的不精准主要体现在认定过程“走形式”的现象。“走形式”是指无论选拔的贫困学生是否为真正的家庭经济困难的学生，都存在认定过程走过场的现象。无论是班级内部组成的民主评议小组还是学校组成的评审小组，尤其是班级内部的评审代表，会存在碍于同学情面或者迫于该申请同学在班级或学校的影响力而默认同意。这样一来，即使是家庭真正困难的同学被认定，也会有失对其的公允性，因为评议同学并没有真正了解到该同学的实际情况和实际心理处境。而一些被认定为贫困生的学生家庭实际状况或许并非真正贫困，这会严重打击班内其他真正贫困同学的士气，甚至会负向激发他们的自卑感〔1〕。

其一，认定材料不精准，标准不科学。在当前的高校贫困生认定过程中，学生提供的家庭经济证明材料和贫困生认定鉴定表是其进行对象认定的主要依据（见表2－2），甚至是唯一依据。但是在现实的运行中很可能会出现学生提供的申报材料不符合实际情况，有的甚至会出现隐瞒事实的行为，这与教育资助的目的完全背道而驰。由于学生生源地和家庭实际生活状况的差异，运用单一的经济指标难以有效而公平地衡量每一位申请者的家庭是否真正贫困。并且，仅仅靠学生户籍当地的乡镇证明和是否为“低保户”的证明是远远不够的。许多真正贫困的家庭或许因为其所处区域或某些社会原因而无法获得“低保”等资助。同时，一些贫困证明可能反映的并不是学生的真实家庭经济状况〔2〕。

---

〔1〕 李丽鹏、卞都成：《少数民族家庭经济困难大学生精准化资助有效路径探究》，载《学校党建与思想教育》2018年第9期，第77－79页。

〔2〕 同超、车博、黄浩等：《新时代高校学生精准资助工作研究与探讨》，载《西部素质教育》2018年第18期，第97－98页。

表 2-2　高校贫困生申请的认定材料

材料名称	出具主体	是否需审核
《高等学校学生家庭经济情况调查表》	学生本人提供 民政部门盖章	是
低保证复印件	学生本人提供	否
孤儿、单亲且经济困难证明	民政部门开具	是
父母《下岗证》复印件	学生本人提供	否
残疾或重症证明	民政部门或医院	是

资料来源：根据调研整理而得。

其二，认定对象的识别不充分。认定对象，即受资助的学生，是整个贫困生资助体系的最大和最终受益人，学校资助政策的目的亦是资助育人，而倘若资助的人都不对，又何谈育人之理。在本次调研中，对于“是否认为班内认定的贫困生符合实际情况”这一问题，接近一半的同学选择了符合，认为确实是家境贫困的学生得到了帮扶；而一半的同学选择不太符合，认为其中有些贫困生的实际情况并不贫困；只有 5.95% 的人选择了完全不符合，认为个别贫困生的名额是以某种不当方式获得或轮流分配的。许多家庭真正困难的学生可能由于其家庭经济条件差、学习成绩也不理想或是家庭遭受巨大变故而产生自卑心理，畏惧表达自己，害怕承认自己的家庭状况、实际生活处境，认为自己的自尊心会因此受到伤害而不愿和不敢主动申请贫困生资助。

（三）公示环节

其一，公示者工作不到位。在高校学生资助过程中，少数公示者忽视了自身的工作责任和公示工作的重要性，认为前面的环节都一一通过了，公示这里算是多此一举，没必要太上心和认真对待。有些公示者为了完成工作流程或迫于政策的强制规定，只是敷衍了事，随便找个边边角角处或临时的公示栏粘贴几天走走形式，根本起不到公示的真正作用。其中的主要问题涉及：公示的内容不精准，没有完全涉及需要公示的详尽信息,以及公示的通知没有转达给所有学生群体。这就造成此项工作毫无意义,即使是公示了也无人可知,更有甚者干脆忽略这一环节,直接发放资助[1]。

其二,监督者不作为。公示存在问题的另一面则是监督者的监督不到位,这里的缺乏监督主要是指上级部门缺乏有效的监督和学生群体的漠不关心。[2] 上级部门或是没有认清公示监督的现实意义,或是明知其重要却为了减少工作量而消极怠办。这导致对于下级或执行部门公示的内容是否及时、合理,公示的信息是否真实都视而不见听而不闻,一味地盲目批准认可和通过,殊不知这是在滥用和误用自己的监督权。这也将导致部分高校学生资助工作的监督体制涣散或者空置,难以有效发挥其应有的效用。

与此同时,还有一些高校学生对于监督工作采取冷漠或者忽视的态度,面对贫困生资助过程中的不公现象,大部分非贫困生同学都认为事不关己高高挂起,对于这部分监督和申诉权争与不争对自己的利益都毫无影响[3]。殊不知,这是在放弃自己应有的权力,并且自己作为一名当代高校大学生也有责任去维护学生资助工作的公平与正义。

(四)发放环节

其一,资助形式的单一。资助形式单一主要是指一些高校的资助项目偏重于资金和物质帮扶,还停留在学生资助就是解决经济贫困的误解之中。众所周知,贫困的内涵要远大于经济贫困。尤其是随着现今社会的日益进步,更需要对学生心理及其人生发展进行全方位地关怀和呵护。很明显,当前的学生资助工作忽视了对学生有

---

〔1〕 曲绍卫、汪英晖:《高校大学生资助政策成效、问题及精准资助建议》,载《当代教育科学》2017 年第 7 期,第 89 – 92 页。

〔2〕 刘云博、白华:《精准化资助:高校学生资助工作新思维》,载《教育评论》2016 年第 2 期,第 67 – 70 页。

〔3〕 张远航:《论高校家庭经济困难学生的“精准资助”》,载《思想理论教育》2016 年第 1 期,第 108 – 111 页。

效的心理关怀及其日常学习、生活和职业发展的关注。

其二，资助力度不够。一个完善的资助体系需要充足的资金投入，而当前的高校贫困学生资助力度明显不足。调查显示，大部分学生的生活费都在1001～1500元左右，而且95.24%的学生其生活费大都来自父母的提供与支持。以勤工助学为例，一个月两百元的助学岗位补贴和资助金根本无法满足学生的基本生活需求，一些地区和项目的资助标准还停留在早期刚刚建立资助体系的年代，根本没有跟上时代的步伐（见表2－3）。在经济生活水平日益提高的当前社会，物价自然会上涨，面对逐年上升的生活开支，资助标准仍一成不变，其资助的力度自然会变得越来越微弱。

表2－3　河北省X高校大学生资助标准

资助名称	资助等级	每年资助金额/元	每月资助金额/元
国家助学金	一档	2000	166.67
	二档	3000	250
	三档	4000	333.33
新疆和西藏籍少数民族大学生省政府励志奖学金	一等奖	6000	500
	二等奖	5000	416.67
	三等奖	4000	333.33
国家励志奖学金	——	5000	416.67
本科生奖学金	一等奖	2000	166.67
	二等奖	1000	83.33
	三等奖	500	41.67
生源地信用助学贷款	最高不超过	8000	666.67
临时困难补助	最高不超过	500	41.67
勤工助学	最高不超过	——	200

资料来源：依据调研整理而得。

其三,发放内容没有做到“按需发放”。所谓“按需发放”是指对学生发放的补助和资助内容应该切实地满足学生的真正需要,具体学生要具体对待。而现实的高校学生资助发放工作没有从学生最根本的、最迫切的需要出发去“量体裁衣”,没有真正做到具体情况具体分析,而是一概而论。为了发放的方便和节省工作量,许多高校不仅采取的资助形式单一,而且资助的标准和额度也都同样无异,所有贫困学生发放的内容均无差别,显示不出丝毫特色。

四、促进高校贫困学生精准资助的发展路径

(一)明确精准资助的发展方向与基本要求

相比于传统的资助形式,高校贫困学生的精准资助无论在资助内容还是在资助手段方面,都应该显示出更多的人性化与合理化,更加符合现代教育的需要和促进学生的全面发展。从资助内容来看,精准资助的资助内容应更加健全和完善,从原来的单一的资金或物质帮助,转向更多层次的人文关怀,如学业与就业指导、心理咨询等多元化的资助内容。从资助手段来看,精准资助在学生的信息采集、审核、保管以及资金的发放等过程中更应注重利用现代科技手段和大数据互联网平台来提高效率。从资助的方式来看,精准资助的资助方式应更加关注每位学生的现实需要和个性发展,针对每一位学生的实际需要而给予其有针对性的资助方式,真正做到“量体裁衣”、因人而异,以更好地满足学生的长远需求和健康成长。

(二)利用大数据网络优势实现“一键申请和认定”

首先针对申请环节的问题,可以利用大数据网络的优势[1],让申请者在网络上面填报自己的家庭基本信息和申请理由,实现“一键申请”。然后再由有关部门统一核查和审批,将采集的学生家庭信息

〔1〕 王婷:《论大数据在高校精准资助工作中的运用》,载《学校党建与思想教育》2018 年第 14 期,第 64－66 页。

集中备份和管理。这样做不仅可以做到学生信息的全国联网,还可以真实地建立每一位申请学生的数据库和电子档案,并且方便及时做出动态调整和更改,既方便了学生的下一次贫困资格的申请,也建立了有效的追责机制,更有助于防止“假贫困”现象的发生。

认定环节也是如此,针对认定环节的重要性和其中涉及的种种问题,可以建立一个大数据系统,充分利用网络和“互联网+”的优势,收集各方面、各群体(包括参与认定的学生和老师,以及负责审核资助工作的相关部门)关于申请者被认定为贫困生的意见,让各决策和参与主体可以一键选择“同意”或“不同意”,并在系统中提交自己的理由。这样做不仅可以减少一式几份纸质材料的浪费,还可以节省各种文件材料的报送、传递时间,充分利用网络信息的共享性和及时性,随时交互认定意见,极大地提高了认定工作的效率和效果,从而实现网络管理的科学化和信息化。当然班级内部可以组成专门的民主评议小组来定期、定时评判和考察申请者日常的消费水平和学习生活状况,整理好班内同学的意见上报学校等有关部门。收集同学意见时也可采用匿名形式进行网络投票,让大家自由地表达对被认定同学的看法和意见。

(三)“因校制宜”精准设置认定标准

除了认定形式和途径的优化之外,认定标准的设置极为重要。倘若认定的标准不科学不合理,即使其他环节执行得再高效、设计的流程再精准也无济于事,因为标准是错的,认定的对象也就是错的,从而精准资助的目的也不可能达到。因此,要实现精准资助的目标要求,最关键和核心的技术步骤在于认定标准的设置。

针对学生生源地和家庭实际生活状况的差异,认定标准要因地制宜、因校制宜[1]。所谓“因校制宜”是指,不同生源地的学生其家

〔1〕 张骞文:《新时代高校学生资助工作的理论诠释、基本特征与实践路径探析》,载《思想教育研究》2018年第5期,第123-126页。

庭所在地的平均收入水平不同,尤其是异地上学的贫困生,若其家庭处于欠发达地区,而就读高校属于发达地区,那么其家庭收入在其高校所在城市的购买力就大大降低。因此针对学生生源地和学校会处于不同地域的问题,要精确计算学生的生活支出和家庭收入在就读学校所在地的实际购买力,分出不同的梯度标准和衡量尺度。

对于满足认定标准的调查和证明,不能只限于学生提供的特定的证明材料,可以转换提供主体的思路,联合公安系统和银行系统共同合作,让其作为第三方分别负责精准调查学生的家庭人口数量、赡养比例、有效存款数量等。这样做可以有效避免学生跑遍各机构开具证明或苦于无符合要求的"低保"等证明材料而无法认定的困境,也可有效杜绝当地部门随意盖章签字、做出不合实情的证明等弊端。还有一点需要注意,认定标准无论当时设计得多么精准和科学,都不是一劳永逸的,它只能适应当时学生群体以及当地的发展现状,学生的认定标准必须随时动态调整以适应周围形势的变化。

(四)完善公示信息以实现合理有效监督

对于高校的贫困生资助工作,学生、老师以及相关部门有权利和义务对这项工作的整体流程进行监督,有权利要求学校相关部门对涉及信息进行公示和公开,有权利对资助过程中的不公行为提出申诉,有责任对其不科学、不完善之处进行建言献策。

公示的形式可以充分利用网络途径在学校官方网站进行信息公开,随时随地,高效便捷,方便师生进行有效监督。公示内容不限于受助学生名单与贫困等级、贫困生评定标准、学校历年的资助政策,还可以包括资助活动的相关动态以及受资助学生的励志事迹等,使学校师生在监督受助学生的资格认定的同时,了解学生的先进励志事迹,进而弘扬学校的助学育人之风,鼓励广大同学学习受助学生的刻苦精神,塑造文明和谐的校园氛围。

当然在公示受资助学生的个人信息时,要充分尊重学生的个人隐私,保护好受资助学生的人格尊严和权利,既要让信息在阳光下公开,又不能使其在光天化日之下无限度曝光。要把握好这一尺度,可以在高校设置受资助学生信息的网络自主查询系统,这里面的信息是受资助学生的非隐私确需公示信息。对于这部分信息,学校其他师生可随时查阅,但进入系统时需认真阅读并签署页面中的保密协议,承诺一旦做出泄露和危害受资助学生信息的行为将受到法律的制裁。只有访问者真正同意之后才能正式进入查询界面,查询其想获知的信息。这样一来,就在信息监督权方面附加了制度和法律的约束,使师生在合理的范围内科学依法监督,在达到监督目的的同时,增加了高校乃至社会的整体信任感。

(五)创新资助形式以实现"按需发放"

最后发放环节的改进之处应更加灵活多样。马斯洛的需求层次理论告诉我们,人的需求会随着其需求的满足、社会层次的变化和社会的发展而不断变化和上升。而贫困学生的需求也是如此,是一个逐级递升的过程。最开始和最基本的需求可能是通过发放资助金形式解决其生存和安全问题,但随着这些需求的满足,他们开始寻求更多地满足其社交和自尊的需求,满足其自我发展的需要,有针对性地关注学生需求的层次性,及时提供与之相匹配的资助形式,才能真正发挥学生资助政策的内在价值。

因此,国家资助委员会等相关部门以及各大高校应充分了解贫困大学生的实际需求,深入学生内部,扎根基层,真正为学生提供最急需的服务。此外,有关资助部门和高校机构还应积极创新资助形式,在满足基本物质资金需求的同时,创新开展更多惠及学生的资助服务,例如就业指导券的发放、某些博物馆和科教学习景点参观券的发放、免费心理体验课的推介等。各高校可以根据本校区学生特色需求,开创自己独特的资助递送形式,为全国其他地区提供可借鉴的先进案例和学习推广经验。

CHAPTER 03 >>

第三章

健全适度普惠的社会福利体系

健全适度普惠的社会福利体系是社会保障事业高质量发展的客观要求。多措并举提高保障性住房建设效率、推动多元主体参与教育福利均等化、建立农村老年残疾人福利支持系统是健全适度普惠的社会福利体系的重要方面。

第一节　多措并举提高保障性住房建设效率

保障性住房建设是我国住房福利的重要内容之一,通常涉及公共租赁住房、限价商品房、廉租房、经济适用房、安置房等。推动保障性住房建设有利于提高人们的居住生活质量、增强幸福感和安全感、促进社会和谐稳定。结合对河北省相关地区的实地调研,本节分析了保障性住房建设中存在的主要问题,并从拓展资金来源、建立用地储备制度、强化工程质量监管、完善周边配套、明晰相关部门职能分工、健全准入和退出机制、落实信息公开等方面提出了相关完善建议。

一、推进保障性住房建设的背景

衣食住行是关系民生的重大问题，其中住房问题越来越受到关注。在城镇中，存在大量的低收入人群居无定所、有住房困难或是生活在棚户区中。这部分人群虽然是动态变化的，但在数量上总体呈上升趋势。为了满足他们的基本居住需求，这些年来河北省在住房保障方面投入了大量的财力和人力资源，并在保障性安居工程的建设方面取得了质的飞跃。但目前仍有一部分人群尚未被纳入到保障体系中来，没有享受到政府提供的住房福利。伴随着新形势、新问题和新要求，当下必须更加重视住房保障的相关工作。推进保障房的建设，有助于改变人们居无定所的窘况或是居住面积紧张的现状，让人们有改善居住条件的机会，有利于提高人们的生活质量，增加其对城市的归属感和对政府的满意度，推动城市化的进程〔1〕。保障性住房是指针对中、低收入家庭，由政府实行分类保障，所提供的限定供应对象、建设标准、销售价格或租金标准，具有社会保障性质的住房。〔2〕本节主要采用访谈法和文献法，以河北省为例，结合对 X 市的部分实地调研资料，首先介绍了河北省保障性住房建设的概况，在此基础上进一步分析了保障房供求、限价房销售、资金及土地供应、配套设施建设等方面的问题，并提出具体的发展建议。

二、保障性住房建设基本概况

保障性住房主要包括四大类，分别是公共租赁住房、限价商品房、廉租房和经济适用房。除此之外，如果从广义上来说，保障房还应该包含安置房，而棚户区改造就属于安置房范畴。自 2011 年到

---

〔1〕 吴冠宇：《保障性住房发展路径选择问题研究》，载《河北金融》2014 年第 6 期，第 41－44 页。

〔2〕 路君平、糜云：《我国保障房的发展现状与融资渠道探析》，载《中国社会科学院研究生院学报》2011 年第 6 期，第 50－56 页。

2015 年这五年间，在保障性住房和棚户区改造方面河北省总计建设了将近 130 万套，其中保障房占 46.37%，棚户区改造占 53.63%。河北省住房保障的覆盖面已经完成了 20% 的目标。到 2020 年底，河北省住房保障的覆盖率需要完成 23% 的目标。根据省政府的规划，后续的工作重点将放在棚户区改造上。

从 2013 年河北省制定的当年计划完成的保障性安居工程建设任务来看，保障房的开工任务占年度总任务的 55.16%，棚户区改造的工作量占年度总任务的 44.84%。在保障房这一部分，很明显是以公租房和限价房的建设为主（二者一共占 83.19%），以廉租房和经适房的建设为辅（二者一共占 16.81%）。在棚户区改造这一部分，主要是以对城市棚户区的改造为主，占到了总量的 89.98%，其余三类仅占到 10.02%。从 2014 年河北省各市的保障性安居工程的建设计划来看，保障房开工比例占年度总量的 29.47%，棚户区改造则占 70.53%。与 2013 年相比，2014 年住房保障在发展重心上有了一定的转变。2013 年的数据显示保障房的开工建设比例大于棚户区改造，但是 2014 年棚户区改造的任务量远超过了保障房的建设量。在保障房这一部分，河北省各市的发展趋势大致相同，各市都是以公租房和限价房为主要建设对象。在棚户区改造方面，各市均以对城市棚户区的改造作为工作重心，针对其余三类棚户区的改造数量极少。

通过综合分析可以看出，2013 年河北省“两租房”开工 60900 套，占保障房开工总量的 50.19%，限价房和经适房合计开工 60450 套，占保障房开工总量的 49.81%。产权式保障的比重与租赁式保障的比重基本持平。到 2014 年时，河北省“两租房”开工比重占 59.69%，限价房和经适房占 40.31%。可见，保障房的建设比重已经朝租赁式保障倾斜。此外，河北省每年都会进行保障房示范项目的评选，以此来激励各地保障房的高质量建设。例如，2015 年被评为河北省保障房示范项目的有：位于石家庄市的汇君城保障房项目以及红河小区保障房项目，位于廊坊市的大城县中城天邑保障房项目，位于邯郸市的美的城二期保障房项目(见表3-1)。

表3-1 河北省保障房示范项目基本情况

地区	数量	项目
廊坊	1	中城天邑保障房
邯郸	1	美的城二期保障房
石家庄	2	汇君城保障房、红河小区保障房

资料来源:河北省住房和城乡建设厅网站。

三、保障性住房建设中存在的主要问题

(一)保障性住房供求不平衡

从河北省整体来看,当前对保障房的需求持续升温,保障房的供给较为不足。尤其是对经济发展水平较高的城市来讲,当前保障房呈现出供不应求的趋势。首先,保障房的供给数量是有限的,但是每年有大量新增的城镇人口,这就意味着符合保障房的申请条件的低收入人群也会呈自然增长趋势,可想而知保障房的供求形势会更加严峻。其次,随着保障房相关制度的日益完善和有关法规文件的不断修订,保障对象的范围同样也会日益扩大。考虑到社会发展的新阶段以及社会稳定的需要,很多之前不属于保障范围的特定人群可能会被逐步纳入进来,那么随之也会增加新的住房需求。随着城市化进程的不断加快,外来务工人员、新生代农民工和城市新就业人口的数量一直在不断增加。这部分群体在城市打拼过一段时间后,在城市安家落户的诉求会越来越强烈,他们成为保障房需求群体中的新生力量。最后,当前对保障房的需求日益多元化,而现在保障房的供给量并不充足,难以满足多元化的需求,供求之间的差距日益显现。

(二)限价房区域性销售不理想

相较于大城市,中小城市的保障房市场相对“冷静”一些,甚至一

些中小城市的限价房出现了部分闲置。但这并不意味着人们没有购买需求，城镇中相当一部分中低收入住房困难人群有购买保障房的需求。以X市为例，限价房是保障房的一种，但其在X市似乎并没有像两租房一样受欢迎。如果浏览X市房管局的网站，点击"住房保障"这一模块，就可以看到政府经常会发布关于限价房剩余房源的信息。明明保障房的需求人群有很多，那么这些限价房为什么会滞销呢？原因之一在于，限价房往往在地理位置上不占优势，其配套设施的建设也和商品房存在差距，在物业服务方面也常有很多纠纷。其二，价格不合理。就X市而言，限价房的房价与同地段的普通商品房房价的差距不大。通常在大中城市限价房与商品房的房价差价较大，对低收入群体来说房子的性价比很高，所以限价房销售很快。除此之外，很多限价房的户型比较单一，应该进一步优化其户型设计，做到"麻雀虽小，五脏俱全"，提高其性价比。反观X市，限价房的价格比商品房低不了太多，并且论地理位置、居住环境和相关配套都不如商品房，故其性价比并不高，于是形成了滞销。

（三）资金不足与土地紧张不容忽视

在保障房的发展过程中，资金和土地一直是两大首要制约因素，这两个难题在全国各区域都属于共性问题。资金短缺、融资渠道急需拓宽以及建设用地紧张是各地较为普遍的现象，河北省亦是如此。目前地方政府的财政压力很大，保障房的资金问题是最棘手的问题之一。对于保障房的建设来说，不单单是建房子这一环节需要政府的资金支持，其配套设施的建设和其后期物业管理等诸多方面都需要政府不断投入资金。由于当前的住房保障模式过于依赖政府支持，融资途径主要局限于成立房投公司、争取国开行贷款等方式，综合来看渠道比较单一。在土地资源方面，建设用地一直都比较紧张。此外，土地供应不足还有一方面的原因在于地方政府提供保障房用地的积极性不高[1]。在土地资源稀缺的形势下,能提供给保障房的用地本就不多,再加之地方政府的财政收入很大一部分来自出让商品房用地,所以相比之下各地政府出于经济利益的考虑对保障房的土地供给并不积极。

(四)保障房配套设施不完善

当前有很多保障性住房的选址不太合理[2],大多坐落在地理位置不太好的地区,周边的配套设施建设往往非常滞后,公共交通不便利,附近缺少商场、学校和医院等生活配套。保障房由于价格便宜,往往其绿化面积很小,和其他商品房相比其居住的舒适度要低很多。有些城市保障房的选址不仅在位置较偏的地区,还集中规模化建设,这就造成了布局上的不合理,容易在这片区域形成贫民区,不利于城市规划和社会稳定。市中心地价较贵,而保障房选址在较偏位置,这时必须重视周围配套设施的建设,不然会给住户的生活带来较大的不便。当前政府在保障性住房的建设过程中往往注重强调建设数量,较少关注入住率,也忽视了对住户居住满意度的调查。很多住户对保障房的评价并不高,其中多数是因为对住房周边的配套表示失望。

物业服务作为住房配套的一方面,同样是越来越需要正视的一个环节。当前保障房小区里的住户对物业服务的满意度普遍不高,甚至有些小区住户和物业方的关系还比较紧张。这是由几种因素造成的,其一是物业费较高,住户都为低收入群体实在无力负担;其二是很多住户拖欠物业费,导致物业方入不敷出,于是物业公司开始消极怠工,个别小区存在卫生长时间无人打扫、花草无人修剪、门卫和

---

〔1〕 龙开胜:《增加保障房用地有效供给的对策》,载《经济纵横》2013年第10期,第39-42页。

〔2〕 卢杰峰:《河北省保障性住房建设存在的问题及建议》,载《河北金融》2014年第7期,第12-14页。

保安形同虚设的现象。因此,人们对居住环境十分不满,进而对物业怨气很深。试想一下,长此以往,住户和物业方的矛盾只会越来越激化,终有一天会连物业费都收不上来,到那个时候物业方有可能会自行撤离。如果问题不能得到根治,那么只能是物业公司换了一家又一家,最终也没有任何一家可以长久地做下去。

四、推进保障性住房建设的对策建议

(一)拓展资金来源和建立用地储备制度

为了应对资金不足的问题,首先要积极争取上级的财政补贴,政府债券筹集的资金要优先投入保障房的领域。其次,要尝试新的筹资方式,除了向银行贷款和发放政府债券以外,还可以尝试创新信贷和鼓励投资〔1〕,吸引各类金融机构进行信贷支持,鼓励私人投资保障房领域。保险公司掌握着巨额资金需要寻找合适的投资渠道,政府应该积极鼓励保险资金参与到保障房领域。当前住房公积金的结余较多,还可将部分闲置的公积金投入保障房领域。再者,建议以发展公共租赁住房为主,因为相较于其他种类的保障房,公共租赁住房更易于融资。由于其作为公共产品享受包括土地政策在内的各种优惠,本身又有着租金这一较为稳定的收益,所以公共租赁住房对社会资本的吸引力更大。最后,保障房建设可以配套一定面积的商业,然后将这部分商业所得租金等继续投入保障房的后续建设。

面对现今土地资源紧张的情况,应建立保障房的用地储备制度。对于一部分已收回使用权的国有土地和储备用地应优先用于保障房的建设。此外,对于保障房的用地应该实行指标单列〔2〕,这一举措可以

---

〔1〕 于雷:《如何破解保障房建设难题》,载《中国土地》2013 年第 5 期,第 50－51 页。

〔2〕 郑慧:《保障性住房建设面临的困境》,载《中国金融》2013 年第 3 期,第 34－36 页。

有效避免商品房用地挤占保障房用地的情况。从另一个角度来看,现在大力加强棚户区的改造,也是提高土地利用效率的一种积极手段。

(二)建立工程质量责任制并严格监管

毫无疑问,房屋质量应该是住房建设中最重要的方面,工程质量应该是最需要关注和监督的方面,对此必须采取有效的措施。比如,为了使责任具体明确到个人或组织,防止将来房屋出现问题时有关人员相互推卸责任,可以实行法人负责制。为了使工程质量有所保证,防止出现豆腐渣工程,可以实行质量终身负责制,将来一旦出现质量问题,无论何时,终身问责。

重视质量监管不应只是一句口号,也不应仅仅是对工程概况进行一番形式化的审查。要想真正发现建设中的漏洞,必须在安排监管工作时从细节处入手。第一,要不定期安排抽样检测,抽检的对象除了项目整体情况还应该涵盖各类建筑材料。第二,除了进行常规的监督管理,还可以尝试开展提高业务素质的活动以启发建设方如何改进工作。比如,政府可以组织施工方代表参观学习优质工程,在考察过程中交流建设经验和困惑。此外,政府还可以安排一些短期有针对性的培训,邀请施工方和监管方双方共同参加,对施工方来说可以提高技能,对监督方来说可以提高其工作的专业性。

(三)完善保障房周边配套

当前必须注重保障房的配套建设,一是要保证一定的绿化面积,安置一定数量的健身器材,营造适宜居住的环境;二是保障房的选址应尽量在交通便利的地方,这样也可以减少住户的交通费用;三是遵循同步建设的原则,必须完善商场、学校、医院、交通等周边配套设施的建设。此外,还可以将配套设施的建设作为政府考核工作的内容。同时硬性规定如果完工后相关配套检验不合格,则不允许保障房投入使用。

对于解决物业问题,政府应该从两方面入手:最重要的一方面是一定要给予物业方资金补贴和税费减免,通过政府的援助来分担一部分物业费用,减轻住户的压力;另一方面则需要采取措施缓和双方矛盾,鼓励物业方雇佣下岗的住户从事小区清洁等工作并支付其工资，这在一定程度上有助于减少冲突和实现共赢。政府要做足工作帮助物业方与住户形成融洽的服务与合作关系，避免物业公司频繁更替。

(四)明晰各部门职能分工

在实际工作中涉及保障房建设方面的政府部门很多，每个部门都有各自的工作侧重点。在多部门通力合作的情况下，明确负责部门的职责范围是开展工作的第一步(见表3-2)。保障性安居工程办公室应负责指挥工作、监管以及考核；发改委进行资金的申报；人民银行进行信贷政策的制定；国土资源局负责土地政策的落实；房管局规定具体建设计划和分配建设任务；规划局进行保障房的选址和审批；财政局的职责主要是资金的筹集与应用；建设局的工作主要是进行质量监管。

另外，各市级政府要充分重视保障性住房的相关工作，根据上级下达的工作要求和任务指标，合理分配市区和各县的工作任务，提前制定住房保障相关方面的发展规划，结合本地实际情况明确建设数量和建设进度。同时，人大和政协部门也应做好辅助工作，通过开展实地调研广泛了解民情，提出更多在保障房方面有针对性有价值的提案。

表3-2　各部门职责分工情况

部门	相应职责	补充措施
保障性安居工程办公室	指挥工作、监管以及考核	人大和政协应做好辅助工作，通过开展实地调研广泛了解民情，提出更多在保障房方面有针对性有价值的提案
发改委	资金的申报	
人民银行	信贷政策的制定	
国土资源局	土地政策的落实	
房管局	规定具体建设计划和分配建设任务	
规划局	保障房的选址和审批	
财政局	资金的筹集与应用	
建设局	质量监管	

数据来源：自制整理。

(五)完善保障对象的准入和退出机制

第一,设置严格的惩罚制度。对于那些钻空子占便宜试图或已经成为保障对象的人员,应给予前者严厉警告,将后者列入不诚信名单,至少在五年内取消其申请资格并对其进行大额罚款,从多方面增加其不诚信的成本和代价,使其不敢再犯。此外,应在政府网站上公示这些违规人员的名单,起到警示作用。另一方面,要彻查和问责那些利用职务便利进行不正当交易的公务人员,责任重大的应该就地免职,使政府工作人员的队伍更加纯洁。只有这样,保障对象的资格审查和保障房的分配才会越来越正规化和透明化。第二,及时更新保障对象名单。政府应该综合多种方式去验证申请者提供信息的真实度。除了对那些规定提交的固定材料进行检查,还一定要对每个申请者进行入户调研,并且随机访谈其周围邻居以便了解申请家庭的具体情况,防止出现有意造假骗取保障资格的情况。由于人们的工作情况和经济状况具有很大的不确定性,以前需要保障房的人员可能一段时间过后已不再需要,所以应定期进行人员资格的重新审查,完善准入和退出机制,真正保证所保障的人群是准确合规的,做到物尽其用。

(六)进一步落实信息公开和检查汇报制度

首先,进一步落实信息公开制度,现在网络的利用率越来越高,政府网站应成为人们了解当地保障房建设信息的最方便最准确的途径。实际工作过程中这些信息的公开存在一定的延迟或内容不全面。为了推进保障房建设更好地发展,同时也为了方便老百姓进行有效的监督,政府应该尽可能地保证在第一时间通过多种途径进行信息公开。比如,在政府网站上公示住房保障方面的政策文件、年度建设计划、开工项目信息、竣工项目等基本情况,以及保障房的房源信息、保障房摇号的结果、保障房分配结果、退出廉租房租赁补贴的人员等等信息,力求做到发布的信息和实际情况保持同步以及一致。除此之外,还应利用大众传媒、市房管局办事大厅滚动电子屏、保障房施工现场设立信息牌等方式进一步拓宽保障房信息公开的渠道。

其次,建立一种定期汇报和检查的工作制度,由负责部门定期向专管住房保障的上级领导汇报最新的建设情况,政府也应该组建督查小组,增加项目检查的次数,同时在项目现场了解建设中存在的难点问题,最好当场或尽快提出解决方案。此外,可以结合实际订立一个保障房建设的目标考核计划,每年年底对比完成情况,积极督促保障房的建设进度。如果当年超额提前完成了计划任务,可以发放奖金进行奖励,如果没有达到上级安排的建设指标,则应取消负责部门年终评优的机会,或是进行其他方式的处罚。

第二节 推动多元主体参与教育福利均等化

教育福利是当前我国教育事业发展以及社会保障事业发展的重要组成部分。推动教育福利均等化是实现我国人才强国战略和社会经济高质量发展的基本途径之一。结合对北京市的调研,本节分析了教育福利均等化发展面临的区域教育经费投入差异明显、教育资源配置及教育机会不均等问题,并从多元主体参与的角度提出了促进教育福利均等化发展的相关建议。

一、引言

教育是国家发展的基石,教育公平是重要的社会公平。在教育事业飞速进步的当下,教育公平、教育福利的均等化逐渐成为世界各国努力追求的最终目标。推动教育福利均等化是实现我国科教兴国以及人才强国战略、促进教育公平、推动社会公正的有效手段,更是不断提高国民基本文化素质、增进人民福祉并实现共享改革成果的有效途径之一。我国不同学者对于教育福利概念的界定均有些许不同。但是,对于教育福利的基本内容大致相同,强调教育福利需面向全体社会成员,既是保障国民中适龄成员享受平等的教育机会,并为受教育者提供免费或低费教育成本的福利制度，又是对无法承担教育费用以及无法获得教育机会的社会成员提供物质援助，为弱势群体提供特殊教育的救济制度〔1〕。其中，景天魁先生认为“教育福利是国家和社会为保障国民的受教育权利、提高国民素质、促进教育公平而承担的责任和义务，以及为此提供的公共资源和优惠条件”。〔2〕当前，以“保障受教育权利、促进教育公平和社会融合”为目标的教育福利在其政策效应方面与相关社会群体的现实需要仍存在一定的差距。本节以教育发展水平较高的北京市为例，对当前小学至高中阶段的教育福利发展状况进行分析，同时选取多位学生及家长进行访谈，分析教育福利对学生及家庭的相关影响，并从政府、市场、社会组织以及家长团体等角度提出促进教育福利均等化的发展建议。

二、教育福利发展的基本状况

教育福利的重要作用及其在整个社会保障制度中的关键地位不言而喻。日本学者小川利夫认为，“没有福利就没有教育，没有教育就没有福利”。〔3〕从功能主义的观点出发，可以将教育福利分为“普惠型”以及“选择型”两类，其中普惠型教育福利主要以向适龄儿童提供免费义务教育为主，而选择型则是义务教育之外的教育阶段以及项目。〔4〕北京市作为国家中心城市之一，其教育事业处于较高水平，教育福利政策的发展以及落实也处于前列。这一部分将主要对目前北京市的教育福利政策以及教育整体发展状况进行介绍与分析。

---

〔1〕 韩克庆：《转型期中国社会福利研究》，中国人民大学出版社 2011 年版，第 377－378 页。

〔2〕 景天魁：《底线公平福利模式》，中国社会科学出版社 2013 年版，第 238 页。

〔3〕 ［日］小川利夫：《教育福祉の基本问题》，劲草书房 1985 年版，第 2 页。

〔4〕 吴至翔、刘海湘：《我国教育福利政策的功能与价值分析》，载《福建省社会主义学院学报》2009 年第 1 期，第 86－89 页。

（一）各教育阶段教育福利政策概况

就普惠型的义务教育阶段而言，我国已经取得了较大的成就。截至2019年，我国义务教育入学率已近百分之百。根据北京市教委发布的《2018年北京市人民政府履行教育职责自评报告》显示，北京市采用集团化办学、学区制改革、名校办分校等多种方式，持续扩大优质教育资源，小学、初中就近入学比例分别达到99%和96%以上。就北京市义务教育阶段入学政策而言，2020年北京市义务教育入学工作安排于4月23日发布。2020年义务教育入学工作总体原则是"强化政府统筹，强调资源公平，义务教育均衡发展"。同时再一次强调，在义务教育阶段要坚持并保证学生的免试以及就近入学原则，确保每一个适龄儿童少年接受义务教育，实现入学机会的均等；而对于民办义务教育学校，则要求其招生与公办校同样纳入审批管理，并且同步招生；对于报名人数较多并超出招生计划的部分学生，实行电脑随机录取，保证其入学公平。

北京市非义务教育阶段高中入学采取的是通过各学校中考分数线录取形式进行招生以及择校。然而在此阶段，北京市高中学校招生出现了户籍限制的情况。以《2018年北京市高级中等学校招生简章》为例，其中的报考条件将"非京籍"学生排除在外，具体要求如下。拥有本市正式户籍的应届以及18周岁以下的往届生可以报名报考，属于以下情况之一的学生可以报名报考普通高中：原北京下乡知青子女、台胞子女、博士后研究人员子女、随军子女、拥有"北京市工作居住证"的人员子女、有"子女关系证明"及父母本市常住户籍登记卡的考生、中建二局第一建筑工程有限公司职工子女等共十类人，可以报考参加北京市中考并通过志愿填报的形式进入北京市高中。此外，对于流动人口随迁子女，如果符合市政府办公厅《关于转发市教委等四部门制订的〈进城务工人员随迁子女接受义务教育后在京参加升学考试工作方案〉的通知》（京政办发〔2012〕62号）要求，在规定时间内提出升学申请且通过资格审核的随迁子女考生可以报考中等职业学校。而不符合以上条件的非京籍外地考生则可以在京参加借考但不可以参加北京市中招志愿填报,或考生可以用中考成绩回到原籍择校入学,再者可以在北京市民办学校或无户籍限制的公办校国际班,通过额外考试等多种方式入学。与义务教育阶段相比,高中阶段教育福利政策处于空缺的状态,对于非京籍学生尤其是流动人口随迁子女的高中教育阶段的升学有较大的阻碍。

(二)各教育阶段教育发展情况

为进一步分析北京市各阶段教育发展情况以及教育福利均等化情况,下文对北京市教育委员会发展规划处发布的近四年来(2016 年—2019 年)北京教育发展统计数据进行筛选与分类,概括北京市目前教育资源的分布及教育发展,进而对教育福利的均等化情况进行分析,并总结北京市教育福利发展以及落实中所存在的问题。

从整体来看,北京市小学、初中、高中三阶段的学校分布在一定程度上并不与该区学生数量成正比,而更多的是与该区的区域面积有较大关系。

首先从横向来看(见表 3 – 3),比较小、初、高三个不同阶段,北京市整体呈现小学在校生数高于初中在校生数高于高中在校生数的趋势,学校数量也大体呈现相同趋势。然而,在东城西城以及海淀区则出现了高中数量远高于初中数量(2019 年东城区初中 10 所、高中 31 所,西城区初中 5 所、高中 37 所,海淀区初中 16 所、高中 65 所),但高中学生数量却并不高于初中学生数量的情况(2019 年东城区初中 22556 人、高中 14694 人,西城区初中 31597 人、高中 18279 人,海淀区初中 66726 人、高中 39469 人)。

表 3-3　北京城五区及三大郊区 2019 年小初高学校及学生数量

（单位:所,人）

地区	小学校数	在校生数	初中校数	在校生数	高中校数	在校生数
东城区	51	61,571	10	22,556	31	14,694
西城区	57	90,638	5	31,597	37	18,279
朝阳区	73	146,979	48	41,436	44	12,582
石景山区	28	23,459	13	7,689	10	3,653
海淀区	85	173,141	16	66,726	65	39,469
房山区	108	54,304	37	18,139	13	8,333
通州区	84	69,657	27	19,299	16	7,929
顺义区	50	50,409	20	17,230	13	9,157

数据来源:根据北京市教育发展统计数据整理。

其次从纵向来看,比较八个区县的各阶段学校数及在校生数,可以看出在城五区中朝阳区以及海淀区的小学校数量和学生数整体高于其他三区,小学在校生人数均在 10 万人以上,小学的数量也均在 80 所上下,其中海淀区稍高于朝阳区。在数据中呈现的一个有趣现象是,在校生人数较少的三大郊区的小学学校数并不与在校生数成正比,三大郊区的校数几乎与海淀区学校数量持平,其中房山区的学校数量远远高于海淀区(2019 年房山区小学学校数 108 所,海淀区为 85 所),而房山区的学生数量则远低于海淀区(2019 年房山区小学学生数 54304 人,海淀区为 173141 人)。

通过对每个区的普通高中以及示范高中的录取率以及示范高中录取分数线进行分析,可以得到北京市优秀学生的大致分布,进而为分析每区的教育资源分布提供数据支持。从整体录取率来看,城六区的录取率平均高于四大郊区,其中东城以及西城录取率在北京全十六区中为最高,分别为 103.19% 与 102.97%。其中城六区中仅朝阳区低于 80%,而在四大郊区中顺义高达 90.81%,远高于其他三区。从北京市城六区以及四大郊区的示范高中数量以及录取分数情况来看,城六区中东城、西城、朝阳以及海淀区的示范高中数量远多于其他六个区。然而结合2018年各区的高中总数量可以发现(东城区32所,西城区38所,朝阳区40所,海淀区63所,丰台区28所,石景山区13所,房山区12所,通州区15所,顺义区13所,大兴区16所),其示范高中数量并不与高中整体数量成正比。

三、教育福利均等化发展面临的主要问题

(一)教育经费投入呈现明显区域差异

各区在教育上的经费投入情况是衡量该区教育发展的重要因素之一,因此教育经费差距也同样是衡量北京市各区教育福利均衡发展的关键标准之一。提供公平的各教育阶段的经费投入一直以来都是北京市为实现教育均等化所坚持的目标,然而教育经费的巨大差距也同样是北京市教育福利均衡发展所要解决的重大问题之一。为进一步了解北京市教育福利发展的实际情况,下文选取北京市教育委员会、北京市财政局、北京市统计局等五部门联合发布的北京市2018年教育经费执行情况公告进行分析,具体涉及各区教育经费情况、教育经费在经费总支出的占比以及本年教育经费较上年的增长情况。

对各区教育经费的投入及教育经费占总公共预算支出的比例进行整理,可以为分析各区政府资金的投入以及对教育领域的重视程度提供数据支持。首先,从整体来看,北京市各区县间的教育经费的投入参差不齐且差距巨大。北京市十六区县的一般公共预算教育经费平均值为44.20亿元,其中海淀区教育经费投入在十六区中位列第一(115.86亿元),其次为朝阳区(96.65亿元),东城以及西城区整体高于其余十二个区县,均在50亿元以上。而石景山区以及门头沟区教育经费仅为17.15亿元及15.54亿元,余下各区县教育经费投入在20~50亿元内。教育大区海淀区与门头沟区的教育经费投入

相差近10倍。其次,十六区县教育经费占总公共预算支出的比例平均为15.98%,其中东城区教育经费占比26.03%,位列十六区中第一名,而通州区仅为9.08%,占比最低。其余各区县教育经费占总预算支出比例均在10%～20%内。

从教育经费投入本年较上年增长情况来看,各区县的情况不尽相同,其整体平均水平为7.38%。除西城区、门头沟区、延庆区外,各区均呈现正增长,房山区、丰台区、昌平区、大兴区、怀柔区以及密云区增长情况均高于10%,其中丰台区较上年增加23.02%、房山区增长18.79%、怀柔增长18.09%,位列前三名。而东城区、朝阳区、石景山区、通州区、顺义区、平谷区增长情况低于10%,其中朝阳区(0.45%)已接近于零增长。其余的西城区(－1.48%)、门头沟区(－5.63%)以及延庆区(－14.51%)已呈现负增长。

由此可以看出,目前北京市各区的教育福利的经费投入情况存在着较严重的差异,教育大区的教育经费投入在全市遥遥领先,而其他区县与教育大区差距极大。教育的经费投入在教育事业发展中被视为“硬件”及“经济基础”条件,在很大程度上决定着“软件”即教育资源、师资力量、学校管理水平等方面。各区在硬件的供给上就已经呈现出较大差异,那么教育的后续发展必然会呈现出较大的不均等情况。

(二)教育福利区域差异较大且资源配置不均等

通过对两个子女位于不同区不同学校的家庭进行访谈了解到,北京市目前存在着较大的教育福利区域差距且教育资源配置不均等。北京市从行政区划上共分为十六个区,从优秀学校的数量以及质量的角度出发,其中教育资源集中于城六区(东城、西城、朝阳、海淀、石景山、丰台),北京市最优秀的中学均集中于东城、西城、朝阳以及海淀区,例如东城区的北京二中,西城区的北京四中,朝阳区的八十中,海淀区的人大附中、一零一中学等等。

同时,优秀的学校为保持自身排名选择最优质的师资力量,吸引优秀的学生,优秀的学生不会满足于片内的学校,而在本区或跨区寻找更好的学校。优秀的学生与优秀的中学互相选择,进而优秀的学生在成为优秀毕业生后,为优秀的学校提供了巨大的招生吸引力,并且优秀的学校自然而然会得到政府更多的财政拨款。因此,优秀的学校永远在前进,而那些停滞不前的学校则等于在后退。以海淀区为例,优秀的学校例如清华附中、人大附中等一直位列前端,并且生源、师资力量、教育资源等等都在不断进步。而海淀外国语实验学校此类凭借优秀教育资源、后来居上的民办校虽然在不断增加,但是想跻身前列依旧比较困难。受访家长表示:“这些优秀的学校,不论是高中还是初中,总是能招到市内最优秀的学生,尽管现在小学和初中是划片上学,但这个划片,并不是强制的,如果你不想进入你片内的学校,当然可以另寻他处。这就是为什么好学校永远都是好学生。”

在访谈中,几乎所有家庭都反映出这样一个问题:“不论是哪个地区的孩子,都会无条件选择区东西城和海淀的学校上学。”优秀生源扎堆教育资源丰富大区的现象非常明显。通过数据可以清晰地看到,朝阳区以及海淀区的在校生人数远远高于房山区以及通州区。2016 年至 2019 年,四个区的在校生人数均呈增长趋势,然而朝阳区从 2016 年到 2019 年中增长 16268 人,海淀区增长 22592 人,房山区则仅增长 7265 人,通州区增长 8301 人,朝阳、海淀的增长人数高于房山及通州的数倍。另外,通过在校生人数以及学校数量可以计算出各区平均每个学校的在校生人数。在房山、通州这些区,学校多但人数少,例如房山区每所学校平均只有 511 人,相反海淀区则出现一所学校超过 1600 名学生的情况。

就小初高的在校生总数而言,海淀区、朝阳区以及西城区作为拥有较多优质教育资源的城区,在所选区内位列前三,其次为东城区以及丰台区,其余四大郊区均占 6% 至 8%,在校生总数在 80000 人上下。从学校总数来看,海淀区以及朝阳区位列前两名,总数分别为 166 所和 165 所。海淀区作为北京市的教育中心区,拥有北京市最多的在校生生源以及最多的学校，在校生总数占到24%，多出其中总数最少的石景山区7倍，同时小学及中学学校总数占比也达到14%。然而房山区在校生人数仅为80776人，学校数量共158所，仅次于朝阳区以及海淀区。

（三）京籍与非京籍学生教育机会不均等

通过对两个非京籍家庭的访谈了解到，目前非京籍子女（包括常年居住生活在北京的家庭以及外来务工人员家庭）在升学以及上学方面面临较大的政策阻碍。抛开非京籍家庭子女的高考问题，这些学生在高中甚至初中的升学方面都存在着较大的困难。其集中体现为两方面：一是外来务工人员子女被升学政策覆盖有限，二是非京籍学生高中阶段上学难。

北京市一直以来流动人口都在不断增加，并且所占比例增速飞快。在这种情况下，义务教育阶段公办校的学生承载能力远不足以为所有的流动人口子女提供学习条件；而且部分家长群体存在"害怕外地学生稀释并抢占本地教育资源以及升学机会"的思想；民办校则担心学业成绩较为落后的流动人口及外来务工人员子女对学校整体教育成绩和学校声誉带来负面影响，造成招生困难，同时也为学校教育增加难度。北京市当前的教育福利政策的进步性表现在，义务教育不仅覆盖北京市义务教育阶段的学生，也包括外来人员子女。但想要获取和北京市学生相同的教育福利，需要符合相关规定。例如，制度仅限于外地进城务工的农民工子女，而且每个符合条件的农民工只能有一个孩子可享受义务教育全免费，且需要提供在京务工就业证明等五类证明。但其中"房屋租赁合同""劳动合同"和"社保缴纳"等条款对众多从事低端不稳定工作、栖息在临时住所的流动人口家庭来说是难以逾越的障碍。[1] 受访人群表示："像我们这种在外

〔1〕 杨东平：《中国流动儿童教育发展报告》，社会科学文献出版社2017年版，第1－21页。

头打工的人哪有那些，工作稳定不了，挣的钱也不多，再说也没有能一直住着的房子，都是东搬一次，西搬一次。五个证根本凑不齐。而且，就算凑够五证，我们这些人家的孩子，也只能够上到初中，高中人家学校不收非京籍。”

对于非京籍以及流动人口子女来说，从升入初中开始就要为上高中问题担忧。为探究北京非京籍学生的高中择校问题，本文对某一常住北京的外地户籍家庭进行了访谈。该家庭为一对父母加上三个子女的一家五口家庭，他们虽然是外地户籍，但属于有房的北京常住人口。父亲在国外工作，母亲与子女生活在北京，各类收入加总相对较高，可以供给家庭较为富足的生活，三个子女分别在大三、初三以及小学六年级就读，其中较小的两个孩子都在面临择校问题。

受访家长表示："在我认识的人里面，有很多背景和我们很像的，在北京有房但没有北京户籍。孩子的小学和初中还好说，在义务教育覆盖面里，但是高中就完全不是了。老二马上就要升高中了，可以说北京市没有一所公立高中要非京籍学生，除非你的成绩在区里面排名前十。至于私立学校，在老大高中择校的时候，虽然公立高中也不收非京籍学生，但大部分私立学校以及公立高中国际部都是收的。然而现在，大多好的私立学校和公立高中国际部，例如101中学国际部、人大附中国际部等等也已经不收非京籍学生了。现在孩子面前只有三条路，回老家读高中，但是这就面临着老三也要被带回去上学的问题；或者孩子考到全区前列，虽然有一定可行性，但是风险太大，孩子成绩不能保证一定可以找到好学校；或者上一所普通私立校，孩子自己并不甘心。所以不论是孩子还是我的压力都很大，现在能走的路就只有第二条了，让孩子拼命学习找到'下家'。虽然上一所普通私立校看似是万全之策，但是北京的教育水平分化太严重了。好学校不论是校园环境、师资力量还是给学生的机会都远远优于普通学校。至于普通学校，我敢说，有的老家的重点学校都会优于北京的普通高中。”

四、促进教育福利均等化发展的对策建议

(一)政府应完善教育政策并均衡财政投入

其一,加大对落后区县的经费投入。政府作为教育福利发展及实施的首要主体,应对地区整体教育的财政投入进行调整与均衡。面对各区县的不同经济、财政水平差异,应当从整体出发,对义务教育等各阶段教育投入制定统一标准,然后调整财政的分配政策。可以通过提高教育税率、提升教育经费的投入比率来增加财政水平较差区域的教育经费投入。

其二,调整优化师资力量。造成北京市教育资源差异、教育福利不均等的一大原因便是教师数量以及能力的严重不均衡。因此,在建立优秀教师队伍的基础上要进一步完善教师的分配以及流动政策。从教师的引进政策以及配置方面,应当首先填补薄弱学校的教师需求,其次应实现区域内的资源均衡,并进一步实现区域内以及跨区的教师资源共享,通过经验交流以及教学示范,起到优秀模范教师的引领带动作用,提升薄弱学校教师整体水平。

其三,取消重点校、重点班制度。虽然在北京"取消重点""取消实验""就近入学"的政策一再被强调,但是各大区县仍然在实行重点校重点班的制度,甚至仍然打着名牌学校的旗号进行招生、吸引优质生源,进而导致北京市初中、高中甚至小学的择校竞争。因此,应根本性地杜绝重点校以及有重点班的学校出现。一是,对出现此类行为的学校开展审查,增强可问责性;二是,严查各种变相形式的重点学校和重点班;三是,需要将对学校的评价以及区县政府的政绩评价进行改革,将区域的教育福利均衡性作为政绩考核的项目。

(二)建立我国教育培训行业的自律模式

目前我国的教育市场不断丰富发展,教育资源不断得到优化。各类民办教育机构,不仅仅是辅导机构同时也包括民办学校等,如雨后春笋般出现在市场上。我国民办教育机构主要依靠政府的管理进行发展,然而面对民办教育机构的庞大数量,政府的管理精力显得相

对有限。因此,民办教育培训市场应当着重增强其自身的行业自律性,在此基础上再加入政府的适当管理与监督。

政府在开始时应当协助行业建立自律模式,在行业自律形成后,减少对其管理,更多地与市场共同进行监督与规范。首先,对培训行业内部的机构进行完整的分类,同时将民办教育市场独立存在于整个教育行业,专门针对其设立详细的管理规定。其次,完善我国民办教育行业协会,根据市场需求建立协会,同时减少协会数量以避免协会间的重复设立,实现协会间的错位发展,更多地关注学生和家长的实际需求及利益福祉。

(三)建立家长团体委员会并表达家长利益诉求

作为学生的家长,可以为学生以及学校建立起桥梁,对学生以及家长自身的诉求进行沟通与交流,以更好地实现学生接受教育福利的均等化。因此,应首先完善相关法律法规,明确提出家长委员会的合法地位,并明确其义务及责任。其次,学校应当明确家长自身的主体地位,改变家长有责无权的现状,认真听取家长的意见以及建议,尽可能地平衡学校与家长委员会间的利益诉求。再次,完善家委会内部的运作规范,加强自律性、公平性以及独立性。最后,学校和家委会共同形成家校合作体系,双向监督互相引导与规范。同时,相关教育部门也应对家委会以及家校合作体系进行指导培训与监督,通过开设讲座、交流会等形式对其进行完善。

(四)社会公益组织加强参与协助

近年来,社会公益性质的组织也开始进入教育事业,推动教育事业的进步。随着全国教育事业的快速发展,社会公益组织的作用以及地位开始凸显,这些组织在弱势人群教育资源的补偿上有着明显的优势。与政府以及市场的目的不同,民间公益团体更多地追求"以志愿求公益"。因此,面对当前教育福利非均等化现象,社会公益组织可以更多地将公益服务针对处于普惠型教育阶段的全体学生,可以从不同角度入手,例如"免费午餐计划""营养改善计划"、提供优质教育“软件”等等，而非单纯地就教育硬件（如资金、教育设备等）进行捐赠。同时，社会公益组织应与政府建立良好的合作关系，延伸二者的合作方式、合作领域以及合作模式等。

第三节 建立农村老年残疾人福利支持系统

老年残疾人是兼具老龄与残障特点的多重弱势群体。残疾人福利对于保障农村老年残疾人的基本生活需求、增进和改善其福祉权益具有重要意义。结合对天津市乡镇的实地调研，本节分析了农村老年残疾人的基本生活及社会福利供给状况，并从社会支持理论层面提出了建立农村老年残疾人福利支持系统的相关建议。

一、引言

在农村老年人口当中，农村老年残疾人兼具老龄与残障的特点，需要得到更多的关注。农村地区一直以来都是我国社会保障相对薄弱的地方。因此，解决农村老年残疾人的社会福利供给问题应该得到全社会的广泛关注。天津市老龄人口较多，老龄化现象较为严重。根据第七次人口普查数据显示，天津地区 60 岁及以上人口占 21.66%，其中 65 岁及以上人口占 14.75%，已经进入“老龄社会”。随着老龄化的深入发展，老年人口残疾化与残疾人口老龄化这两种因素促使老年残疾人口数量持续增加。根据第二次全国残疾人抽样调查数据显示，天津市的残疾人口共有 57 万，约占总人口的 5.47%。农村残疾人口中年龄在 60 岁及以上的人口约占 43.02%。本节以农村老年残疾人为研究对象，意在呼吁全社会对农村老年残疾人群体的关注，通过实地走访天津市 B 区 H 镇，调查农村老年残疾人的基本生活状况，分析农村老年残疾人的社会福利供给状态，进而从国家、社会、家庭、个人等层面提出解决对策。

二、农村老年残疾人基本生活情况

农村老年残疾人，指年龄在60周岁及以上，拥有农村户口，居住于农村的残疾人。据实地调查，天津市B区H镇村民总数为11368人，共有残疾人340名，其中有135名残疾人年龄在60周岁及以上，占残疾人总数的39.71%，占H镇总人口的1.19%。通过调查发现，H镇的农村老年残疾人面临着经济生活困难、精神慰藉难以得到满足、养老服务支持欠缺等问题，但是要解决这些问题仅靠农村老年残疾人自身是不够的，还需要政府、社会等多方面的支持和努力。下文包括对H镇部分老年残疾人的访谈对话，通过访谈来了解和概括当前农村老年残疾人的基本生活情况以及生活上面对的难题。

（一）经济状况较差

通过整理2020年第七次人口普查数据发现，在主要生活来源中，全国的乡、镇老年人口和城市老年人口相比，各项收入均有明显的差距。与城镇老年残疾人不同，农村老年残疾人大多没有退休金保障。大多数仅能通过种地获取经济收入，但对于一些具有行动障碍的残疾人而言，由于无法耕种土地，只能将土地承包出去，获得一些承包费，此外再无其他收入。对于农村老年残疾人来说，医疗康复费用高，发放的补助不足以维持医疗与康复费用，甚至难以维持生计，主要靠家庭成员的支持。

在现实生活中，一些农村老年人只能通过劳动来获取收入，其退出劳动力状态的时间普遍较晚。通过日常的观察和走访，仍然通过劳动赚钱的农村老年人并非少数，农村老年人的自养能力非常不足。天津市B区H镇属于普通乡镇，H镇的老年残疾人收入来源不多，加上老年残疾人兼具残疾和老龄的特点，其通过劳动获得收入的可能性更加不高，更多的是依靠家庭成员供养或者低保养老。一些老年残疾人表示，自己无法依靠劳动获取收入，只能靠子女供养，但这也不能排除有的儿女给父母的钱只能勉强维持低水平的温饱，在一定程度上降低了农村老年残疾人的生活质量。

访谈对象A(女,80岁,因脑血栓导致肢体残疾,缺乏部分劳动能力,有老伴与子女)诉说了自己的生活境遇:“我得了脑血栓以后,有一次治疗,我们村的大夫用药用错了,所以我这条有病的腿走路越来越不方便了。现在我也出不了门,更不能干活赚钱。我都八十岁了,上岁数了,我们老两口的地给了三个儿子种,就靠着儿子们每人每年给我们三千块钱过日子看病,但是我这小儿子还不给我钱,有时候女儿会回家看看我,还会偷着塞给我点钱,一年到头,不止过日子花钱,我还得买心脏病和脑血栓的药,钱只能省着花,有时候有点小毛病都不舍得去医院。”

除此之外,政府制定的一些政策并不能完全照顾到需要帮助的老年残疾人。由于一些补助的申请需要以家庭为单位,但一些老年残疾人由于自理能力较弱而无法单独立户,因此计算家庭收入的时候可能因为超过最低收入线而不能获得保障。满足领离退休金条件的老年残疾人很少,低保、五保制度申请标准相对不公平,导致低保制度落实不完善。即使一些农村老年残疾人满足享受低保待遇的条件,但是保障标准调整的步伐远远追不上物价上涨的速度,这也难以保障农村老年残疾人的基本生活。

如表3-4所示,H镇残联的补贴条件仅针对残疾级别较高的持证残疾人,且发放金额不多。由此可见,生活救助金的救助对象范围小、救助标准高、补助金额少,救助根本不足以惠及所有残疾人。据调查,自2000年以后,城乡居民消费构成不断发生变化,其中在医疗保健支出方面,城镇比重下降,农村的比重在不断上升,且农村医疗保健支出比重高于城镇。残疾人的收入水平相对于正常人来说更低,医疗保健支出占消费比重更大,因此农村老年残疾人面临的经济状况较差成为需要解决的首要问题。

表 3-4 天津市 B 区 H 镇残联部分补贴办理条件

补贴类型	补贴条件	发放金额/元	发放频率/次	发放单位
取暖补贴	所有低保、特困残疾类别一、二级及精神、智力三级或一户多残（两人及以上）的持证残疾人	400	每年	户
通信补贴	听力、言语、视力所有级别的持证残疾人	30	半年	人
居家托养服务补贴	60 周岁（含）以下的精神、智力所有级别以及其他残疾类别一、二级的持证残疾人	140	每月	人

数据来源：根据调研整理。

总之，农村老年残疾人收入来源不多，水平不高，自养能力弱，医疗支出费用过高，兼具老龄与残疾特点，患病概率大，长期来讲需要一笔不小的开销。政府给予的补贴金额小，相关社会保障欠缺，老年人主要依靠家庭支持，因此面临贫困的风险相对较高，经济状况较差。

（二）精神慰藉不足

计划生育政策的实施促使家庭规模小型化，农村的青壮年离开农村，导致农村空心化、空巢化等现象出现，这一系列的现象导致家庭对于农村老年残疾人的照护功能逐渐弱化，老年残疾人的精神慰藉难以得到满足。大多数家庭只关注于老年人的物质生活，认为只要保证老年人的物质生活满足就够了。事实上，老年残疾人生活质量如何，不仅取决于物质条件是否满足，还有精神需求是否被关注。第七次人口普查数据显示，全国共有家庭户 49416 万户，平均每个家庭户的人口数为 2.62 人。从近几十年的数据来看，家庭户规模仍在持续缩小。家庭规模的不断缩小带来了一系列问题，对于农村老年人最大的影响就是农村老年残疾人无人陪伴，缺乏精神慰藉，幸福感普遍下降。

据走访调查，H镇依靠家庭成员养老的老年残疾人较多。随着年龄增长和照料能力的降低，老年残疾人只能依靠家庭成员养老。子女由于需要工作，只给予老年残疾人物质上的满足，却忽视了对其的精神慰藉。因为家人给予的陪伴是无可替代的，所以尽管老年人有同龄人陪伴，仍会感觉到精神孤独。另外，H镇的一些老年残疾人参与社会交往的次数不多。一些老年人会在空闲的时候和邻居聊聊天，偶尔也会在家里看看电视、听听广播，很少有人会去健身广场，因为广场上的设施太久没人使用，有的已经上锈而无法再用。总之，老年残疾人的休闲娱乐活动比较单一，对外界的信息不敏感，普遍精神生活匮乏。

（三）养老服务支持缺乏

我国有8500多万残疾人，其中有6225万在农村生活。尽管农村老年残疾人托养服务体系框架已初步搭建，但农村老年残疾人的养老问题情况特殊、难度大，农村残疾人养老仍面临很多问题：养老服务业经营风险较大，还要面临融资担保等困难；农村老年残疾人养老保障的管理缺乏规范、行业监管不到位；农村老年残疾人养老保障服务队伍水平低[1]。

据调查，H镇并没有为农村老年残疾人提供照料服务的专门机构。同时，即使镇里真的设立照料机构，也不会有太多的家庭能将父母送到养老机构。因为在农村传统观念中，这被认为有违传统道德。此外，出于对地缘和血缘的注重，或者出于一些舆论压力，害怕被议论，不喜欢去陌生的环境养老，一些老年残疾人也不会自己主动去养老机构。但没有子女的陪伴，更没有服务机构的照料，农村老年残疾

---

〔1〕 崔炜、周悦：《社会政策视角下我国农村残疾人养老保障问题研究》，载《长沙民政职业技术学院学报》2012年第3期，第2-5页。

人的服务及精神需求更加无法得到满足。

访谈对象 B(76 岁,因病致残,无妻,有六个女儿)在受访过程中表示:“我前一阵出事故,胳膊被砸断了,闺女都嫁到了别的村,只能自己一个人住,之前胳膊没坏的时候我还可以自己做做饭,打扫打扫屋子,现在我六个闺女轮班照顾我。我最小的闺女在外面打工赚钱,轮到她该照顾我的时候,她没空,就想把我送养老院去,那个养老院离我们村有点远,就算近我也不乐意去,谁去那地方啊,去了不就是受罪嘛,再者说了,街坊邻居知道了还不都得笑话我没人管。”

三、农村老年残疾人社会福利供给分析

(一)以政府为代表的福利支持

根据《中国残疾人事业发展报告(2020)》显示,我国 2008 年残疾人事业发展指数为 44.9%,十年后增长了 26.6%,即 2018 年增加到 71.5%;残疾人生存保障指数也从 2008 年的 40.4% 增长到了 2018 年的 75.9%,总共增加了 35.5%;2018 年,我国残疾人扶贫、康复、社会保障指数分别为 72.0%、78.5%、76.3%,相比于 2008 年提升了 24.2%、38.4%、41.2%;从 2008 年到 2018 年,我国残疾人发展提升指数从 53.4% 增长到 65.3%,但仍处于相对较低的水平。全国 31 个省(自治区、直辖市)根据 2018 年各地区残疾人事业发展指数分为三类,其中天津属于第一类,残疾人事业发展指数达到了 68% 以上。根据近几年的资料显示,天津市在残疾人事业方面做得较好,在推进残疾人社会保障、康复、无障碍环境建设等工作中取得了一些突破。

调查数据显示,天津市 H 镇政府于 2020 年为 89 位残疾人发放了居家托养补贴 217400 元,为 75 人发放通信补贴 26070 元,为 47 户发放水电气补贴 11128 元,为 55 户发放取暖补贴 22000 元,为 81 户补助养老金 46800 元,为 12 人发放精神类药物 8692 元,为 56 户发放春节慰问金 44800 元,为 71 户发放慰问米 71 袋、油 71 桶,为 177 户残疾人发放夏季送清凉物资白糖 726 袋、绿豆 726 袋,为行动不便的

残疾人发放轮椅10辆，防褥疮床垫31个，手杖、四角拐、腋拐17个，沐浴椅61个。但实际上，政府的福利供给远远跟不上农村老年残疾人的各类需求。对于政府制定的关于津贴补助申请的政策，尚不能满足所有老年残疾人的需求，甚至还有一些迫切需要支持的老年残疾人得不到帮扶。

（二）以社区为主导的准正式支持

在一些经济条件较好的社区，会有以社区为主导的“准正式支持”。政策要求，要落实残疾人康复救助项目，持续推动开展社区残疾人康复工作，定期培训基层康复人员，争取做到“康复进社区、服务到家庭”；开展肢体康复训练等活动；进一步增加用具用品服务项目。但实际上，一些政策在农村地区落实得并不到位，据一些老年残疾人家庭反映，上级要求开展的助残活动在村里只是简单开展，甚至存在“走走形式”的嫌疑，更有一些残疾人表示，自己根本没有接受过相关的康复训练。

（三）由家庭邻里提供的支持

社会支持包括由个人网络提供的社会支持，比如家庭邻里、子女提供的支持也包括在内。费孝通先生指出，家庭是乡土社会的核心内容，是家庭成员社会支持的根本来源。根据血缘和地缘形成的乡村社会网络，在非正式社会支持体系中占据十分重要的地位。随着农村空心化、空巢化的不断加剧，非正式的支持体系不断变弱。据走访了解，一些老年残疾人的邻居会给予残疾人一定的支持和帮助，但是邻里可以提供的照护是比较有限的。H镇老年残疾人大多数面临着子女照顾缺位的情况，极少数子女也缺乏照顾老人的意识。同时，子女对老年残疾人的照护不能仅限于生病时的照顾，还需要在日常生活中提供支持。

（四）来自残联及志愿者组织的支持

残疾人联合会是残疾人群体最为重要的帮扶组织。据走访了解，H镇设立了残联，残联工作的组织网络以乡镇残联为主导、以村级专职委员为骨干。H镇配备了1名镇级残疾人专职联络员和11名村级残疾人专职委员。残联的主要任务包括残疾证的办理、取暖补贴办理、通信补贴办理、居家托养服务补贴、城乡居民养老保险补贴等。但是残疾证的申领程序较为麻烦,不仅要申领人到镇残联办理申请手续,提供相关资料等,还要到指定医院进行鉴定。这一系列的手续办理对于行动不便的残疾人来说是相当困难的。根据调研了解到,志愿者组织"一家亲"也有专门的助残活动,尽管会定期举办活动,但是仅限于针对残疾儿童的结对帮扶。由于H镇位置比较偏远,几乎没有针对老年残疾人扶助的志愿者组织前来支持。

四、完善农村老年残疾人福利支持系统的建议

(一)国家出台针对性福利政策

其一,普惠式公共服务性政策不能完全缓解低收入老年残疾人的困难生活状况,老年残疾人属于弱势群体,应该采取瞄准式福利保护政策。加上农村残疾人贫困面较大、在农村实行的社会保障制度发展滞后,政府应加大倾斜性财政投入,持续增强农村基层为残疾人提供福利服务的能力。

其二,加强农村残疾人社会保障的制度建设。当前阶段,我国农村的残疾人社会保障制度体系尚不完整。在农村地区,残疾人社会保障资金基本上仅仅依靠国家给予的几种津贴和补助。政府应该做好社会救助、社会保险、福利服务等方面的工作,更有针对性地帮扶农村老年残疾人。通过制定具有针对性的政策,国家可以根据残疾的等级和类别对残疾人日常生活支出部分进行分类补贴。比如,建立农村老年残疾人专项津贴制度,以此作为农村五保和低保制度的补充。

(二)社会组织积极承担责任

建设残疾人事业的责任不能仅仅依靠政府来承担,志愿服务组织等应积极承担社会责任,积极开展有针对性地助残志愿服务活动。

社会组织在开展助老服务的物质资助、人力支持、资源整合、资金筹集、专业服务等方面具备独特优势。目前,我国非常缺乏残疾人事业工作者。要通过提高残疾人事业工作者的薪资福利待遇,采取合适的激励措施,吸引更多的人投身到残疾人事业建设中并承担起社会责任。同时,各地乡镇可以自发组织成立社会团体,协助政府进行残疾人帮扶活动。比如,建立网站,发挥信息沟通联系的作用,呼吁更多爱心人士的加入,让更多的人关注到农村老年残疾人这一弱势群体;或者通过筹集资金,将捐款用于改善老年残疾人的生活、医疗、康复方面,使其更加全面地得到有效利用。

(三)扶持老年残疾人家庭提供照料

老年人对家庭的依赖性强,残疾人家庭为老年残疾人提供着精神支持和服务照顾,承受着养护、照料、经济和精神的压力。一方面,子女应主动承担责任,尽到自己的义务,为老年残疾人提供养老支持。另一方面,受到经济困境和传统观念的影响,残疾人家庭不仅承受沉重的家庭负担,也可能会遭受不合理的社会偏见,这给残疾人家庭成员带来了巨大的心理压力,亟需给予其心理方面的安慰排解和疏导。我国亟待建设积极的残疾人家庭支持政策,以此来回应老年残疾人家庭的多种现实需求。

(四)营造社会氛围与转变自身观念并行

除了缺少家庭成员的陪伴,由于自身的残疾,农村老年残疾人会意识到自身与他人的差异,在社会参与和交流方面存在一定程度上的障碍,因此有可能产生自卑心理,将自己孤立起来,甚至企图逃避融入社会,而长期缺乏与他人的沟通交流很可能导致其性格愈发敏感。从另一方面来讲,由于缺乏一定的劳动能力、家庭生活不稳定等因素,农村老年残疾人在自己面对现在和未来生活的不确定时,担心以后将会出现的种种困难,很容易产生紧张和恐惧的感觉。当前,老年残疾人可能会因为长期封闭自己的内心世界、不愿与外界交流而被社会上的人群误解甚至是歧视。因此,要积极开展关爱老年残疾人的活动,让全社会了解、关注并包容老年残疾人这一特殊群体,给予他们更多的接纳,营造良好的社会氛围。

与此同时,农村老年残疾人应该树立自信,不断提升自己的心理素质、不自卑,对生活保持乐观积极的态度。随着生活水平的不断提高,老年残疾人还有很大的空间来发挥自己的余热。老年残疾人应积极转变观念,充分认识到自己身体上的客观不足可以从其他方面进行弥补。老年残疾人不能封闭自己的内心,要不断发掘自己的潜力,培养自主意识,体会"老有所用"的意义,多和邻里朋友沟通,积极地融入主流社会。

CHAPTER 04 >>

第四章

建立公平可及的健康保障体系

建立公平可及的健康保障体系是社会保障事业高质量发展的客观要求。规范发展职工重大疾病医疗互助、加快完善分级诊疗综合支撑政策、提升农村基层医疗卫生服务能力是建立公平可及的健康保障体系的重要方面。

第一节　规范发展职工重大疾病医疗互助

我国的城镇职工基本医疗保险已经在全国范围内实现制度全覆盖,但保障基本医疗水平的基本医疗保险制度已难以满足重大疾病的保障需求。规范发展职工重大疾病医疗互助有利于破解因病致贫、因贫讳医的恶性循环,有助于促进补充医疗保障层次的发展。结合对河北省的调研,本节考察了Z市职工重大疾病医疗互助的创新探索及主要特征,分析了重大疾病医疗互助在实践运行中存在的互助活动管理不完善、缺少专项活动经费、受理救助时间不确定、没有互助金使用公开平台等问题,并提出了相关完善建议。

一、引言

目前,我国已基本形成“全民医保”格局,然而城镇职工的基本医疗保险仍难以满足人们多层次的医疗保障需求。尤其是患有重大疾病的职工,大多难以承受高额的医疗费用,因病致贫、因病返贫的现象较为突出。早在2009年,国家发布了《中共中央国务院关于深化医药卫生体制改革的意见》,其中关于“鼓励工会等社会团体开展多种形式的医疗互助活动”的阐述极大地促进了补充医疗保障的发展,也为补充医疗保障事业开展的多种形式与内容提供了新的思路。职工重大疾病医疗互助活动是工会互助帮扶体系的重要组成部分,它是由党委领导、政府支持、工会运作、职工参与、互济受益的一项群众性互助活动。Z市的这一活动因启动最早、职工参与人数最多、运行机制较为成功而走在河北省前列。本节旨在从河北省Z市总工会在省内率先推行的职工重大疾病医疗互助活动入手,分析总结重大疾病医疗互助的主要内容及运行机制,探究大病医疗互助活动的发展状况,从而提出相应的完善建议,以期促进职工重大疾病医疗互助的进一步健康发展。

二、职工重大疾病医疗互助的主要内容

职工重大疾病医疗互助是工人阶级内部团结互助、扶贫帮困的一项公益活动,坚持“权利与义务相结合、从实际出发、量力而行、不以营利为目的”的原则,为患重大疾病的职工提供经济帮助,以减轻职工的经济负担。

(一)重大疾病医疗互助活动的领导机构及职能

市职工重大疾病医疗互助活动领导小组是Z市职工重大疾病医疗互助的领导机构,负责对重大疾病医疗互助金的筹集、使用及管理工作进行监督,并且对有关疾病互助活动的办法、方案、细则进行研究制订和修改。领导小组下设负责日常工作的Z市职工重大疾病医疗互助活动服务中心,并设立市级职工重大疾病医疗互助活动办事

处,在各县区总工会、各管理区总工会、高新区总会、各产业工会负责所辖区内互助活动的具体工作事项。同时,设立互助活动代办点,在各直属基层工会及外地驻Z单位工会,负责本单位职工互助金收缴和患重大疾病职工有关资料的初审、申报、补助金的领取及发放等事宜。

（二）重大疾病医疗互助的对象和条件

凡本辖区内机关、企业、事业单位、社会团体的在册职工(不包括离退休职工),以及签订一年以上劳动合同或形成一年以上事实劳动关系的进城务工人员,只要按规定缴纳互助金,都可以在办事处、代办点(单位工会)的统一组织下以团体形式参加职工重大疾病医疗互助活动。但该项活动不单独接受个人加入,团体参加人数50人以上的,必须不少于本单位在册职工人数的85%;50人以下的单位,职工参加人数必须为100%。农民工由所在用工单位工会以团体形式加入。

（三）重大疾病医疗互助金的筹措和管理

职工重大疾病医疗互助金来源包括:职工个人缴纳的互助金,社会各界的捐赠、赞助,上期互助金的结余,政府、行政和工会的补助,利息及其他收入。参加职工重大疾病医疗互助活动的职工必须按期缴纳每人每年36元的互助金,缴费标准从2014年起改为每人每年50元。原则上,互助金应由职工个人缴纳。个人在缴纳互助金方面有困难的,本单位工会可从工会自留经费或困难职工帮扶资金中对其给予一定的帮助。另外,单位工会也可以通过申请要求行政给予一定的补贴。

职工重大疾病医疗互助活动采取"全市统筹、市级调控、分级管理、多层服务"的运行模式,由各基层工会负责向职工收取互助金,分级统一上交市互助活动服务中心。互助服务中心设互助金专户,实行专项资金管理,由上级或本级互助金监督审查委员会负责进行监督和审查。同时,市互助活动服务中心统一从职工缴纳的互助金中提取总额的2%作为工作经费,对基层办事处给予适当的经费补助和设备配备,不足部分从工会经费中调剂补充。

(四)重大疾病医疗互助金的给付

其一,互助金的给付条件。参加互助活动的职工在活动当期内住院治疗,且医疗费用个人自付部分符合国家、省规定的基本医疗保险用药和诊疗目录范围,则根据自付数额分段计算,按比例给予补助;未参加上述医保的职工,在市互助服务中心认定的定点医院就医后,医疗费用支出达到一定数额时,按比例给予补助。

其二,报销涵盖的重大疾病的种类。职工重大疾病医疗互助所能报销的重大疾病的种类有:恶性肿瘤;慢性肾功能衰竭——须透析治疗或肾脏移植手术;再生障碍性贫血;急性心肌梗死;心脏瓣膜置换术——须开胸手术;脑卒中后遗症——永久性的功能障碍;颅内肿瘤手术——须开颅手术或放射治疗;重大器官移植术——须异体移植手术;艾滋病;红斑狼疮;脑炎后遗症——永久性的功能障碍(未成年子女);主动脉手术——须开胸或开腹手术(未成年子女);附加病种(特定慢性病或一般性疾病)。

其三,重大疾病互助金的扶助标准。患病职工个人自付部分达到1500元及以上,符合下列情况的可以申请职工重大疾病医疗补助:患特定病种经医保部门和市互助服务中心认定的,在指定医院门诊就医的;因患危、急、重病在定点医疗机构或在非定点医疗机构发生急诊,治疗无效死亡的;经市医保部门和互助服务中心备案,转往异地医院就医的;异地安置人员和因公长期在外地工作,在市互助服务中心备案的和医院就医的;因公出差、探亲、节假日外出期间因患危、急、重病在异地急诊住院的。同时,患病职工住院治疗一次或累计的个人自付部分5万元及以下补助23%,5万元以上补助35%,最高限额不超过3万(见表4-1)。一般性疾病补助范围是指职工在互助期内患非特定病种,在定点医院住院的治疗费用。个人自付部分达到1500元及以上,按23%的比例给以一次性补助,最高支付限额为不超过1万元。

表4-1　重大疾病医疗互助金的补助标准

项目	重大疾病医疗补助	重大疾病医疗补助	一般性疾病医疗补助
起付线	个人自付部分达1500元	个人自付部分达1500元	个人自付部分达1500元
补助比例	个人自付部分≤5万元	个人自付部分>5万元	个人自付部分达1500元
	23%	35%	23%
封顶线	3万元	3万元	1万元

数据来源:根据调研整理而得。

三、职工重大疾病医疗互助的发展状况

在Z市总工会的带领下,全市相关企业单位纷纷积极参与此项互助活动,逐步建立起以"基本医疗保障制度为基础、以职工重大疾病医疗互助为补充"的医疗保障体系。目前,Z市坚持每年举办一期互助活动,并且其活动规模正在逐渐扩大,救助人数和救助金额不断增加,使越来越多的职工得到了帮助。

(一)重大疾病医疗互助的创新探索

为保证更多职工能享受到大病互助带来的好处,Z市在开展互助活动过程中不断尝试各种探索与创新。其一,互助活动向非公领域扩展,使许多私有企业的职工也能够参与到活动中来,不仅扩充了互助金的规模也使之从中受益。其二,将省工会规定的每位职工每年需缴纳的互助费进行灵活调整,充分考虑了Z市职工的实际生活水平和互助金规模。其三,重大疾病的种类不断增加。除了省工会规定的8种以外,又增加了红斑狼疮、艾滋病等多项重大疾病和一些慢性病,以便使更多的患病职工享受互助帮扶。其四,降低了起付标准,提高了补助比例,并制定了其他优惠项目。针对直系亲属的救助

标准为个人负担部分的10%，最高不超过5000元，职工在互助期内死亡且未发生医疗费用的，其直系亲属可得到一次性救助2000元。这一系列的调整完善，都体现了大病互助活动积极运作、努力为职工谋福利的宗旨。

（二）重大疾病医疗互助的特点

其一，群众性。号召广大职工以团体形式积极加入，并不断扩展覆盖面，使更多的私企、小型企业的职工也能够参与进来。大病医疗互助活动坚持公平性原则，只要符合参与条件的职工都可以加入，不得以任何特殊理由拒绝职工加入，坚持使每个职工都能在患大病时可以获得救助。Z市对企业职工基本实现了全覆盖，使职工在享有基本医疗保障的同时还可得到大病医疗互助的帮扶。

其二，互助性。坚持“大数法则”，发扬工人阶级内部的团结互助、扶贫济困的精神，在职工患大病需要救助时即从众人缴费积累形成的互助基金中支取相应费用。缴纳互助费的其他职工则借此达到了助人的目的，也由此唤起自我保障意识，增强了职工自救能力和团结能力，同时可使职工意识到自身归属于一个具有强大救助能力的集体，既能增强其社会存在感和自信心，也有利于工会带头开展各项工作。

其三，自愿性。即职工自愿参与，不以任何手段强求。虽然是以团体形式让职工加入，但并非强制职工加入，都是由工会向职工介绍大病医疗互助活动后，再根据大家是否参加的意愿组织互助活动，不存在强制性的规定，完全做到了从职工出发、遵从职工意愿。另外，活动的自愿性完全体现了职工重大疾病医疗互助活动是职工群体自我保障的活动性质。

其四，非营利性。互助活动开展的目的是保证患病职工病有所医，减轻其经济负担。设立互助金专户并由市总工会派工作人员进行管理，不与商业保险挂钩，也不招聘人员成立机构单独运行，不以营利为目的，而只以救助患病职工为目的，因此具有较强的公益性。

这一特点，使得互助活动与其他保险彻底区分开来，也是互助活动能够赢得职工信任和支持的主要原因。

（三）重大疾病医疗互助的不足

其一，互助活动的管理不够完善。职工重大疾病医疗互助活动规定的参与群体是职工，应当仅在职工范围内开展互助活动。然而，一些非职工、无业者也加入进来并且其本身身患重病，通过利用互助活动缴费低、补助高的特点获得了高额的救助金。同时参保职工的逆向选择难以监控，存在着较为严重的道德风险问题。

其二，互助活动经费来自职工缴纳的互助金，即从中提取了2%作为互助中心的活动经费。这样的做法虽使服务中心得到了充足的活动经费，但是本身这种占用互助费的做法会使一部分本应用来救助职工的资金没有起到救助作用，弱化了对患病职工的救助功能。另一方面，占用互助金也会加大互助基金管理的困难，不利于互助金的集中管理。

其三，总工会从受理救助申请到批准申请的时间不确定。总工会的审批时间短则一周，长则一月，没有规定期限。这样一来，可能会使一些急需救助金的职工难以及时获得资金，延误治疗或产生其他不良后果。另外，不确定的审批时间会使得活动规则不明确、不稳定，使参与职工对互助活动的实施效果产生疑虑，从而影响互助活动的顺利开展。

其四，职工重大疾病医疗互助活动没有互助金使用的公开平台，即互助金的管理不透明，容易产生互助费管理的漏洞。缴纳互助费的大多数职工不清楚互助费究竟用于何处，使职工产生互助费使用不当的怀疑，不利于互助活动取得职工的信任。

其五，很多企业的职工对互助活动的目的和过程了解不多，也不明白活动的具体运行内容和意义，很多职工起初都认为互助活动参加与否对自己没有影响。职工对于互助活动的不了解会使工会开展相关工作的效果大打折扣，使职工重大疾病医疗互助活动进一步扩展覆盖范围受到影响,也会影响职工参与互助活动的积极性,从而最终影响到对患病职工本身的救助帮扶。

四、完善职工重大疾病医疗互助的对策建议

重大疾病医疗互助活动在我国还处于起步阶段,各地组织的互助活动比较分散、缺乏制度性,所以应将职工医疗互助作为我国多层次医疗保障制度体系的重要组成部分在法规政策中予以明确[1],不断为其创造政策条件以支持其发展进步,使其走上制度化道路,同时积极创造良好的社会环境,促使其能够承担职工重大疾病保障的重任。

(一)逐步扩大保障覆盖面,促进互助活动普遍开展

目前大病互助的覆盖面还没有完全覆盖所有职工,许多亟待救助的职工还未能有效参与互助活动。大病互助的覆盖面应做到从在职职工向离退休职工过渡,从合同制员工向临时工过渡,建立非正规就业人员的行业工会,实行流动会员制,将医疗互助扩大到城镇个体工商户、自谋职业者等非正规就业群体[2],由此实现对全部职工的覆盖。这不仅可以保障更多职工的利益,更有利于充实互助基金,增强保障能力,促进职工重大疾病医疗互助活动的普遍开展。

(二)加大宣传力度,增强互助活动影响力

职工了解与否对于互助活动能否成功开展有着重大的意义。因而各级工会应不断增强组织凝聚力,加强对互助活动的宣传,使更多职工理解互助活动开展的意义,扩大互助活动的影响力,发动职工积极参与进来,以增强职工自我保障的意识和能力,扩大职工重大疾病

---

〔1〕 李志培:《职工医疗互助缓解重特大疾病风险的功能及发展走势》,载《中国医疗保险》2013年第2期,第39-41页。

〔2〕 谢瑞武:《成都市系统构建大病保障体系的探索与思考》,载《中国医疗保险》2016年第7期,第25-27页。

医疗互助活动的规模,不仅可以救助更多的患病职工,也能为他们提供更好的服务。

（三）提升互助金使用的合理性,更好地服务职工

根据近年来先进地区的经验,互助活动的经费应全部用在救助患病职工方面,以保证缴纳的互助费真正做到源于职工、用于职工。Z市的互助活动也应该将所有互助费用于救助职工,活动经费应从工会的经费中列支。为了互助活动的正常运转,工会应积极请示有关部门获得专项工作经费,尽量避免从互助金中列支经费。政府部门也应与工会积极沟通,增加对职工重大疾病医疗互助活动的支持,设立具体的工作目标,将职工重大疾病医疗互助活动当做城市品牌项目来做,实现改善民生、服务大众的目标。

（四）建立互助金信息公开平台,确保使用的透明性

互助活动在开展过程中应该建立互助金使用的信息公开平台,保证互助金使用的透明性和公开性,让职工能够清楚了解缴纳互助费的用途,并且可以使职工实时了解互助金的运作状况,了解每个人对互助基金的贡献状况,从而使互助活动能够赢得职工们的信任,打消一些职工对互助活动和缴纳互助费存在的疑虑,推进互助活动更好地发展。

（五）进一步完善互助保障制度,规范管理服务

全国及各省工会应加强指导,规范管理,不断增强其稳定性与规范性。适当提高互助基金统筹层次,推行互助金规范化管理,完善互助金的管理工作。更重要的是,关注互助金保值增值问题,确保互助金的安全性。互助活动服务中心应该加强互助对象及条件的审查,同时应与当地医疗机构建立互助医疗信息公开平台,确认患病职工的医疗情况。另外,应不断完善互助制度,增加重大疾病种类,适当降低互助费,提高补助水平,确定合理的审核期限,并将其写入互助活动的实施章程当中,作为制度确定下来。

第二节　加快完善分级诊疗综合支撑政策

推动分级诊疗制度的建立与发展，是促进医疗卫生资源合理配置、基本医疗卫生服务供给均衡可及的重要举措，是深化我国医药卫生体制改革、建立具有中国特色的基本医疗卫生制度的重要内容，有利于满足人民医疗卫生需求、方便就近求医问诊和提高健康水平。结合对天津市相关地区的调研，本节分析了分级诊疗制度运行过程中存在的不同层级机构之间医疗资源配置不合理、卫生人员缺乏流动性、医保对分级诊疗的引导作用有限、配套措施和体制机制不完善、信息共享化程度低等问题，并提出了相关完善建议。

一、引言

随着新一轮医改的逐渐深入，党和国家对于分级诊疗制度的建立与完善愈加重视。我国各地根据自身的实际情况，纷纷建立起以基层医疗为核心的分级诊疗制度。分级诊疗模式最初是在 2013 年党的十八届三中全会中提出的。随后在 2014 年，国务院明确提出要“健全分级诊疗体系”。2015 年，随着《关于推进分级诊疗制度建设的指导意见》的下发，分级诊疗制度开始走向正规化。2016 年在党的十八届六中全会上，提出要进一步“推动分级诊疗制度”建设。分级诊疗制度的产生顺应了时代的发展和人民群众的迫切需要，也是在加快建设服务型政府背景下保障人民健康生活、缓解人民就医压力的一项创新性制度安排。作为我国基本医疗卫生领域的五项制度建设内容之一，分级诊疗制度的建立与发展对于建设具有中国特色的医疗卫生制度具有重要意义。

分级诊疗制度通常也称“社区首诊双向转诊制度”，即按照疾病的轻、重、缓、急及治疗的难易程度进行分级，让不同程度的疾病由不同级别的医疗机构承担，做到基层首诊、双向转诊、急慢分治及上下联动,实现对医疗卫生资源的有效配置。它由政府主导、以社区卫生服务中心为载体、依托全科医生为社区成员提供安全有效、便捷适宜的基本医疗卫生服务。[1] 分级诊疗制度在运行过程中通过管理制度、人事制度、医疗服务价格的变革促进优质卫生资源下沉,起到均衡二、三级医疗机构卫生资源分布和提高基层卫生服务能力的作用,由此引导居民理性选择就医方式,真正实现"首诊在基层、大病去医院、康复回社区"的目标。本节围绕供给侧视角下我国分级诊疗制度的运行这一主线,对天津市 C 区医疗改革试点的基层医疗机构上下联动情况进行实地调研,通过对分级诊疗制度推行背景下天津市医疗卫生服务发展状况的分析与探讨,考察当前分级诊疗制度推行中的障碍及难点,在此基础上提出完善分级诊疗综合支撑政策的相关建议。

二、分级诊疗制度实施下医疗卫生服务发展状况

为了缓解大医院过度拥挤、基层卫生机构发展萎缩等问题,天津市采取试点先行的方式,陆续颁布了一系列文件推行分级诊疗制度的建设。2015 年 12 月,天津市选取滨海新区、静海区、宁河区和蓟州区四区作为试点,并在这四区逐步开展了分级诊疗工作。2016 年初,在以上四区试点的基础上,天津市又增加河东区、南开区、河北区作为试点开始推行分级诊疗制度。到 2016 年下半年,其建设范围已覆盖全市。2017 年为深化分级诊疗制度建设,天津市办公厅颁布了《天津市深化医药卫生体制综合改革 2017 年重点工作任务》,其中提出要将分级诊疗制度建设作为新时期的重点任务。本部分对分级诊疗制度实施背景下天津市医疗卫生服务发展状况进行了梳理,从天津市医疗资源在不同层级医疗机构的配置情况、不同层级医疗机构

[1] 高和荣:《健康治理与中国分级诊疗制度》,载《公共管理学报》2017 年第 2 期,第 139 - 144 页。

的上下联动情况两个方面进行了总结与分析。

(一)不同层级医疗机构的医疗资源配置情况

医疗资源的分配情况直接影响着不同层级医疗机构是否能够可持续发展。本部分依据统计公报数据,将从天津市不同层级医疗机构的数量分布、床位数量分布和卫生人员分布三个方面对医疗资源配置情况进行总结和分析。

从天津市不同层级医疗机构的数量分布看,2013－2016年间,医疗卫生机构数量从4696个增加至5442个,增加了17.9%。其中基层医疗机构数量从2248个增至2728个,增加了12.4%;医院数量从482个增至571个,增加了18.8%。由此可以看出,虽然不同层级的医疗卫生机构都有一定比例的增长,但基层医疗机构的增长比例(12.4%)明显低于医院的增长比例(18.8%)。综合以上数据可以得知,天津市不同层级的医疗机构数量在不断增长且平均增长速度较快,达到了17.9%。其中,相对于平均增长速度,医院的增长速度明显较高,而基层医疗机构的增长速度则较低。这反映了天津市的医疗资源过多集中于医院,与医院的发展速度较快相比,基层医疗机构发展缓慢。

从天津市不同层级医疗机构的床位数量分布看,2015－2016年间,医疗机构床位数从6.37万张增加至6.58万张,增加了3.3%。其中,医院的床位数从5.56万张增加至5.76万张,增加了3.6%;基层卫生机构的床位数从0.7万张增加至0.71万张,增加了1.4%。从中可以看出,虽然不同层级的医疗卫生机构床位数都有一定比例的增长,但基层医疗机构的增长比例(1.4%)明显低于医院的增长比例(3.6%)。综合以上数据可以得知,天津市不同层级医疗机构床位数量平均增长比例为3.3%。其中,相对于平均增长速度来说,医院床位数量的增长速度明显较高,而基层医疗机构床位数量的增长速度则较低。医院床位数量的增长速度是基层医疗机构床位增速的2.5倍。同样,该比例反映了天津市现有的医疗资源过多集中于医院,基层医疗机构资源缺乏。

从天津市不同层级医疗机构的卫生人员数量分布看,2015－2016年间,医疗机构的卫生人员数从11.81万人增长至12.26万人,增长了3.8%。其中,基层医疗机构卫生人员数从0.52万人减至0.51万人,减少了1.9%。在天津市总体卫生人员数量增长的情况下,基层医疗机构的卫生人员不但没有增长,反而出现了降低的情况。同时,国家统计公报显示,在2015－2016年间,全国卫生人员从739万人增长至844万人,增长了14.2%。通过这两年的数据不仅可以看出天津市医院和基层医疗机构卫生人员数量变化的巨大差距,也可以发现天津市总体的卫生人员增长率远远低于全国平均水平。

总而言之,从不同层级医疗机构的数量分布、床位数量分布和卫生人员分布以上三个方面的分析可以发现,在分级诊疗制度推行的背景下,天津市医疗卫生资源在不同层级医疗机构间仍然存在着分布不均衡的问题。医疗卫生资源总体上偏向于医院,而基层医疗卫生资源缺乏。

（二）不同层级医疗机构的上下联动情况

分级诊疗制度的运作原理是不同层级的医疗机构能够履行各自的医疗职责,实现基层首诊和转诊的功能。不同层级的医疗机构之间都是既相互独立又彼此联系的个体。从不同层级医疗机构的功能定位看,不同层级医疗机构所包含的范围不同,功能定位也不相同。其中三级医疗机构是指向多个地区以及向全国提供医疗卫生服务的区域性以上医院,其主要任务是救治疑、难、危重症患者,进行医疗教学工作和科研工作,同时接受二级医疗机构的向上转诊,对下级医疗机构提供指导和定期培训。二级医疗机构是指向多个社区提供综合医疗卫生服务的地区性医院,主要的任务是治疗一般疑难杂症、常见病和多发病。一级医疗机构是指社区卫生医院、村镇卫生所等,负责一般性门诊和护理工作等,同时将超出自身诊疗范围和诊疗能力的患者向上转诊,接收二、三级医疗机构下转的患者。

在明确不同层级医疗机构功能定位之后,以三医联动为基础,完善管理制度、人事制度,推动医疗信息共享化,才能有助于实现医疗机构分级诊疗。然而,一些地区的不同层级机构在上下联动过程中也出现了许多问题,阻碍了医疗机构上下联动的功能发挥。首先,目前我国医疗机构主要通过增加业务量来维持资金运转和扩大经营,开展转诊势必会降低医疗机构收入,所以二、三级医疗机构出于自身利益的考虑不愿意将患者向下转诊。其次,由于基层卫生机构的医疗服务技术落后、水平低下,患者也不愿意向下转诊。最后,由于国家没有对转诊过程中医疗机构应负的责任进行明确划分、缺少规范性质的制度条文,导致转诊过程缺乏连续性和科学性,进一步造成了大医院的过度医疗、基层医疗机构的资源得不到合理利用,极大地浪费了现有的卫生资源。

为了更好地利用市内三级医院的资源和技术优势,发挥其对周边社区卫生院和村镇卫生所的带动辐射作用,天津市近年来不断探索建立区域医疗联合体。目前天津市已完成了所辖16区的医疗联合体建设,并且在建设医疗联合体时也发挥了各区域的优势。其中,和平区、河西区和河北区根据区内医疗卫生机构的特点建立了具有本区特色的医联体。如表4-2所示,各区域在建设医疗联合体时都注重结合本区域的实际情况。在和平区,区人民政府与医科大学总医院、中医药大学第一附属医院合作建立医联体,充分发挥了政府的权威性和医疗机构的专业性;河西区建立医联体时更加注重医疗信息建设和机构之间的网络互通,有利于在全局上整合区域内的医疗信息和资源;河北区医联体的建立则借助了区域内的卫生专网,便于医联体内各机构即时互通。

表 4－2　天津市部分区域医联体建立特色与优势

地区	建立特色	建立优势
和平区	政府与医疗机构合作	权威性和专业性结合
河西区	医疗机构信息共享	区域整合、把握全局
河北区	区域卫生专网专用	即时沟通、信息安全

资料来源：根据政府网站资料整理而得。

虽然天津多区已经建立了医联体，推动了不同层级医疗机构的互动互助，但由于范围较小且大多处于试行阶段，医联体发挥的作用依然有限，医疗机构间的转诊率尤其是上转下的比率仍旧较低。同时，由于受到不合理的人事制度、管理制度的阻碍，三级医疗机构的带动辐射作用难以完全发挥出来，基层医疗机构的发展状况依旧难以满足人们的需求。在个别年份，甚至出现市内医院病床使用率几乎为基层医疗机构 2 倍的情况。由此可以看出，医联体的建立对患者就医的分流引导作用并没有完全发挥出来。

三、分级诊疗制度运行过程中存在的主要问题

（一）医疗资源在不同层级的医疗机构之间配置不合理

其一，医疗资源过多集中在大医院。以天津市为例，市内的医院数量以及医院床位数量均高于同期所有医疗机构数量和床位数量的平均增长比例，更是高于同期基层医疗机构数量和床位数量的增长比例。然而，医院的迅速发展却没有有效缓解天津市的“看病难”现象。由于基层医疗机构服务水平不能满足患者的就医需求，患者更多地转向二、三级医疗机构就诊，导致不合理就医行为的出现。医疗资源过多集中在大医院不但不利于现有就医格局的改善，还造成了医疗资源的浪费。

其二，基层医疗卫生机构服务能力不足。目前来说，我国的基层医疗卫生机构还存在着许多问题亟待解决。这主要包括：医疗卫生

人员整体素质偏低、医疗设备得不到更新换代、诊疗水平较低、仅凭自身发展难以吸引较高水平的卫生人才下沉等。这些问题不利于基层医疗机构的进步和发展,导致基层医疗机构和二、三级医疗机构间的医疗水平差距过大,基层医疗机构的落后使其无法引导患者根据实际情况合理就医,故而患者会直接选择医疗水平更高的二、三级医疗机构,使大医院过度拥挤。这一现象不但不利于分级诊疗制度的推进与实施,也直接导致了医疗卫生领域"看病难、看病贵"问题仍在继续。

(二)医保对分级诊疗的引导作用有限

随着医疗保险制度的不断发展,我国参加医保的人数也在不断增加。作为医疗卫生领域的重要制度安排,医保制度对分级诊疗制度的建立与完善具有重要作用。为了更好地满足人们的医疗需求,增强医保政策在各人群中的适用性,近年来天津市在不断改革完善现有的医保政策。首先,在医保支付方式改革方面,天津市从 2017 年起进一步加强了对于医保基金的预算管理。在现有支付方式基础上深入实施医保基金总额控制,推动支付方式向多元复合型发展,加强按病种付费方式、按人头付费方式的所占比例并推动其全面发展。其次,在医保报销比例改革方面,自 2017 年 1 月 1 日起,天津市重新调整了居民医疗保险报销比例。然而实践中,医保对分级诊疗制度的引导作用有限,具体表现为对医院、患者行为的引导作用有限和对私人诊所的推动作用不足。

其一,医保对医院和患者行为的引导作用有限。医保政策在对医院和患者行为的引导中本应发挥更大的作用。比如,通过医保改革促进复合多元化医疗费用支付方式的发展,可以有效约束医疗行为、调控医疗费用;通过制定不同的二、三级医疗机构和基层医疗机构的医保支付比例,可以引导患者合理就医;通过合理划分医保报销的药品目录和病种项目,可有效提高医疗卫生资源的利用率。然而在很多地方,医保支付方式还没有统一。以天津市为例,不同层级的医疗机构都是根据以往情况确定付费方式,多元复合型医保支付方式还在探索的过程之中。居民住院的医保支付比例调整后，不同层级医疗机构间的比例差距仍较小，未能有效引导患者合理就医。加之医保在转诊过程中手续繁杂，需要各级审批，医保对医院和患者行为的引导作用没有完全发挥出来。

其二，医保对私人诊所发展的推动作用不明显。通常而言，私人诊所凭借其较强的专业性、便民性和价格优势可以吸引患者就诊，从而对二、三级医院起到就近分流的作用，缓解社会中的“看病难”问题。因此，通过制定合理的医保政策可以有效推动私人诊所的发展。但在实践中，由于受到制度、政策、社会环境等多方面的影响，医保及私人诊所均远未起到应有的作用。私人诊所面临的问题主要有：公立医院里医生的编制身份阻碍了医生的流动、医保定点固化使私人诊所难以获得定点资格、城市卫生规划不合理等。近年来，国家施行了一些改革公立医院的措施，推动医生的身份由“单位人”转向“社会人”，加强了医生的流动性，但身份的限制和私人诊所受到的隐性歧视仍然是医生流动时的后顾之忧。尽管现有的医保政策鼓励医生流动和私人诊所发展，并且明确说明现有的医疗机构只要符合国家政策的规定便可以申请成为医保定点机构，但在具体实施时却受到卫生规划等一系列的阻碍，从而严重削弱了医保对私人诊所发展的推动作用。

（三）不同层级医疗机构卫生人员缺乏流动性

不同层级医疗卫生机构的卫生技术人员共同构成分级诊疗的实施主体，只有这些人员在做好本职工作的基础上互帮互助，加强诊疗技术和经验的共享，分级诊疗才会得到有效的落实。然而，由于缺乏对优质卫生技术人员下沉基层坐诊、教学示范的激励和保障机制，同时二、三级医疗机构的优质卫生技术人员工作繁忙、很少会有空闲时间对基层卫生人员进行培训，导致卫生人员对分级诊疗的认同度偏低，缺乏自发流动的主动性。其次，基层卫生技术人员由于医疗水平有限、医疗设备落后等问题，在分级诊疗的实施过程中处于被动地位，其接收患者进行“上转下”转诊时的意愿较低，缺乏制度执行的积极性。最后，在诊疗过程中缺少健全的各分诊机构的利益协调机制和信息交流平台，不同层级医疗机构之间的卫生人员沟通困难，上下流动难以有效进行，直接影响了分级诊疗制度的推行。

除此之外，我国现行的医保政策实行的是医保定点在医疗机构而非医师个人的制度，在这种制度下医师并不是作为自由职业者独立存在的“社会人”，而是依附于医疗机构的“单位人”。虽然这种编制身份有利于留住优质人才，在促进职业稳定方面发挥了较大作用，但同时也产生了一些负面问题。首先，由于过度依赖于所属单位，一旦医生进入某一“单位”，编制身份的限制将使其很难再选择其他医院，也难以再投身于基层医疗卫生机构的建设，因而导致医师的流动性降低。其次，医保定点和医生的编制身份无形中为私人诊所的开办设立了门槛，不利于医生的流动和私人诊所的发展。

(四)分级诊疗的配套措施和体制机制不完善

其一，双向转诊制度、转诊标准不完善。目前我国尚未建立完善的双向转诊制度，也没有制定统一的转诊标准和实施效果考核指标。在国家号召各地制定分级诊疗政策后，虽然各地区纷纷响应并提出了便于当地实施的政策性条文，但是由于在对具体条文落实和解释过程中缺少切实可行的标准和方法以及考核评价指标，导致实施过程中出现了较多问题。其主要表现为：在根据不同病种和诊疗难易程度对疾病进行分级时，缺少明确性的程序规定和统一的标准；没有根据不同层级医疗机构的实际水平和服务能力进行划分和定位；在对患者进行转诊时，多数医疗机构只是根据医生自己的判断和患者的要求确定是否进行转诊。

其二，转诊手续繁琐。通常，患者的转诊要经历以下几个步骤：首先，在对患者进行转诊时，要由主治医生根据病情提出或者由患者及其家属提出；提出之后需要主治医生签字确认无误，并交由科室主任和医务科审核是否通过；最后需要医院医保办盖章，方可转诊，整个过程缺一不可。由于没有明确的转诊标准,在开始转诊时便需要各方协商。转诊过程中更是需要逐级签字审批,并且整个过程需要由患者或其家属亲自办理,既耗费了一定的时间和人力资源,也难以对患者的病情进行即时监控。因此,繁琐的转诊手续降低了医疗效率,亟须加以改进。

(五)医疗信息共享化程度低

不同层级的医疗机构间实现医疗信息互通,即时共享最新的医疗技术和就诊经验,掌握基层医疗机构的发展情况和面临的问题,对于医疗机构服务能力的提升、优质医疗资源下沉基层和分级诊疗制度的落地具有重要意义。通过建设完善的医疗信息共享平台,实现不同层级的医疗机构信息系统纵向联合、不同类型的信息管理系统(如新农合医疗信息系统、电子病历和电子健康档案系统、慢性病管理系统和基本公共服务系统)的横向联合,可以有效推动医疗信息整合共享。

而目前我国未建立起统一的医疗信息共享平台,不同层级的医疗机构间的信息数据不能互联互通和及时传达,不同类型的管理系统信息不能实现整合共享。这导致各项医学检验结果在不同层级医疗机构之间不能互相认可,患者就诊时往往需要重复检查,负担不必要的医疗费用。同时,新农合、公共服务、慢性病管理等系统的信息得不到有效利用,造成管理效率低下,资源浪费。再者,医疗信息泄露事件虽偶有出现,但患者隐私及医疗机构的信息安全尚未得到充分保护,也影响到统一的医疗信息平台的建立。

四、进一步完善分级诊疗综合支撑政策的建议

(一)加强基层医疗机构及联合体建设

建立和推动分级诊疗服务模式的重要前提是基层医疗机构能够"接得住",能够让患者自愿选择和接受基层医疗卫生机构提供的服务。建设基层医疗机构,不仅需要发挥政府、社会、医院等多方作用,也需要建设能够帮助机构间互通的医联体。

其一,发挥政府、社会、医院多方面的功能建设基层医疗卫生机构。首先,政府要通过相关法律法规的制定引导社会各界为基层医疗机构的发展投入人力物力,并且合理制定医保报销比例、改革医保支付方式,由此推动就医格局的改善。其次,通过大众传媒加强宣传,用张贴海报、拍摄公益广告等通俗易懂的方式推广分级诊疗和相关规定,使人们正确认知政策内涵,并逐步引导人们树立新的就医观念。此外,通过制定设备投入计划,保障基层医疗卫生机构配备常规检测所需的医疗设施,并保证这些医疗设施能够正常运转和定期更新升级。最后,制定人才培养计划,组织二、三级医疗机构人员定期坐诊,由此加强基层人才队伍建设。

其二,加强医疗联合体的建设。不同层级的医疗机构并不是相互独立、互不联系的个体。通过建立多样化的医疗联合体,可以在医联体内实现二、三级医疗机构与基层医疗机构之间的资源和信息技术共享。应将二、三级医疗机构先进的医疗技术、优质的卫生人员、丰富的就诊经验下沉基层,发挥二、三级医疗机构对周边基层医疗机构的辐射带动作用,从而直接提升基层医疗机构的服务能力和促进人们就医行为的合理化。通过建立医联体,基层医疗机构可以即时向指定机构反映就诊过程中遇到的难点,进而得到反馈并有效解决问题。同时,在医联体内进行患者的上下转诊可以免去很多繁琐的环节,提高转诊效率。

(二)加强不同层级医疗机构人才队伍建设

分级诊疗制度的推行必然要求不同层级的医疗机构在各司其职的前提下能够实现上下联动、互动互助。只有这样,患者的上下转诊、优质卫生人员的流动、先进医疗技术的传播共享才能够在医疗机构间顺利进行。因此,分级诊疗制度实行过程中,应在明确不同层级医疗机构功能定位的基础上有侧重地进行人才培训,通过有针对性的培训提高各层级医疗机构的医疗水平,增强卫生人员的流动性,吸引更多的优质医生下沉基层。

其一,加强医护人员培训,提高二、三级医疗机构的专业技术水平。通常情况下,由于二、三级医疗机构的功能定位难度较高,要求相关专业医疗护理人员的专业性也较高,因此需要对他们进行培训以保证技能合格过硬。同时,应通过建立合理的绩效考核制度、管理制度激发医护人员的积极性,提高二、三级医疗机构的专业技术水平。其具体措施包括:对即将上岗的医护人员进行岗前培训,保证其拥有对常见病、多发病的基本诊疗技能;通过专科培训,提高专科医生的专业性;对涉及慢性病管理或者需要长期护理患者的医护人员进行定期和长期培训;学习国内外先进技术经验,定期召开培训交流会等。另外,通过提高医护人员的工资待遇、建立与贡献相结合的绩效制度、定期休假等方式激发工作积极性和提高工作效率。

其二,增强人员流动性,吸引更多的优质医护人员下沉基层。"基层首诊"是实现分级诊疗的基础。通过增强医护人员流动性、鼓励更多医护人员下沉基层,对于加强基层人才队伍建设、更好地实现基层首诊有重要意义。首先,应建立对二、三级医疗机构医护人员下沉基层的补偿和激励机制,如通过优先晋升、给予家属优惠等规定提高医护人员的工作价值,使其对自己的职业前景抱有信心。其次,基层医疗机构在接受上级医疗机构帮助的同时,自身应加强建设,通过学习区域医联体技术向上级医疗机构反映存在的问题并吸收先进经验;对常规的医疗设备定期检查更新,引进先进技术,增强留住人才的能力。最后,完善各分诊机构间的利益分配机制,确保各层级医疗机构的医护人员利益得到保障,吸引更多的优质医生投身基层建设。

(三)充分发挥医保政策的引导作用

其一,尝试建立医保医师制度。我国目前实行的将医保定点资格确立在医疗机构而非医师个人的制度,这严重限制了医师的自由流动和优质卫生人员的共享配置。而医保医师制度可以给予医师更大的权利,能够突破传统制度过于强调医师的编制身份和不同层级医疗机构差异的弊端,从而将医师由过度依赖机构的"单位人"转换为自由职业的“社会人”，增强医师对于医院的选择性，同时减少了许多后顾之忧。这不仅有助于其投身基层医疗卫生机构建设，还可以鼓励其建立专业性较强的私人诊所，进而减轻二、三级医疗机构的医疗服务负担。

其二，创新医保支付方式。考虑到医疗服务形式的多样化，国家在改革医保支付方式时，应根据所提供医疗服务的不同特点提供适宜的支付方式，以便更好地发挥医保对医疗机构和医护人员的规范作用。其具体措施包括：着力建立起复合多元化的医保支付方式，以总额控制为基础，针对不同的服务分别实行按病种、按人头、按服务项目付费，出台相应的法律法规对具体的实施情况进行监督，以便这种多元的医保支付方式能够顺利推广实行。

其三，实行差别化的医保报销比例。医保部门在制定医保报销比例时，应扩大不同层级医疗机构之间报销比例的差距，制定不同的起付标准，以适应分级诊疗的需求。在具体执行中，为提高基层医疗机构的就诊率，应制定高于二、三级医疗机构的医保门诊报销比例和低于二、三级医疗机构的住院起付标准。同时，对于转诊患者符合条件的情况，医保报销应只收取一次费用。由此引导患者到基层进行首诊以及在治疗康复的过程中及时转诊，以便更好地发挥医保政策的引导作用。

（四）加强分级诊疗的配套措施和体制机制建设

其一，制定明确的转诊标准，规范双向转诊程序。国家和相关部门应对不同层级医疗机构的服务能力和技术水平进行评估，根据医疗机构之间的差异明确功能定位和转诊范围，使各机构能够各司其职；对不同疾病按病种和发病率进行分类，明确转诊标准，最终形成完整的双向转诊程序。同时，通过区域医疗联合体和信息交流平台的建立推动不同层级的医疗机构间互通互助，制定规范的工作流程，形成无障碍的双向转诊渠道。最后，转诊服务窗口是患者接触转诊的第一个平台，应在此处区域设立明显的标识，使患者能够在第一时间了解分级诊疗的相关政策以及转诊流程等。

其二,简化转诊手续,转变人员考核方式。现有的转诊手续既繁琐又耗费人力物力,降低了转诊效率。通过智能信息平台,使单个医疗机构内部和不同层级医疗机构之间实现互联互通,可以推动信息共享、简化转诊手续。在该平台上,医护人员可以电子化传送转诊所需要的审批手续,患者也可以及时关注和查询办理进程。同时,为提高医护人员工作效率,可以考虑转变考核方式,采取工作日考核制度,规定转诊手续的审批工作要在规定的工作时日之内完成。要达到这一效果,政府需要制定规范性的流程并出台相关细则,医院也要加大投入建设智能化平台。

其三,构建互动式医疗服务体系。通过构建互动式的医疗服务体系,在明确不同层级医疗卫生机构的分工定位基础上,强化机构间的交流互通,建立合作共赢的制度,有利于促进不同层级医疗机构间的上下联动和分级诊疗制度的实施。一方面,应推动现有的医疗服务模式转变,从注重“医”到注重“医防结合”。一方面,应将医疗服务标准与国际接轨,引进先进的技术和管理手段,提高医疗服务的质量,并结合我国的医疗卫生实践全面建立中国特色的基本医疗卫生制度。

(五)加强医疗信息共享化建设

其一,推动医疗信息整合。首先需要构建医疗机构协作平台,在该平台上不同层级医疗机构的医疗资源和信息可以打破交流壁垒,实现无障碍流动,各项医学检验能够在机构间互认,从而提高服务效率并有效控制医疗费用。其次,将分级诊疗与新型农村合作医疗管理信息系统、慢性病管理系统、基本公共卫生服务系统、电子病历和电子健康档案等系统进行对接,实现医疗信息横向共享整合,以便有效提高管理效率。

其二,推进以电子病历和电子健康档案为主导的信息化建设。通过发挥电子病历功能,建立不同层级医疗机构间的患者信息交流平台,可以准确得知患者基本信息和既往病史,有助于提高服务效率;通过发挥电子健康档案功能,可以有效推进医疗机构与公共卫生、医保、药品购销等应用系统的联通。这些措施可以使医护人员在接受转诊患者的过程中对患者有更加完整清晰的认识,实现精准转诊,有助于加强各级医护人员对于医疗诊断结果的互认,减少患者的重复检查和促进资源的有效利用。此外,要注重加强对医疗卫生信息的保护和监管,防止医疗机构和患者信息的泄露。

第三节 提升农村基层医疗卫生服务能力

农村基层医疗卫生服务能力建设是实施健康中国战略和构建社会主义新农村的重要部分,对于保障农村居民的身体健康、社会的和谐稳定起着非常重要的作用。结合对河北省农村地区的调研,本节分析了农村基层医疗卫生服务能力建设面临的主要问题,并从增加专项资金投入、提升医务人员专业素质、提高医疗机构建设管理水平、完善绩效分配机制、推动县乡村医疗机构纵向合作等方面提出了相关完善建议。

一、农村基层医疗卫生服务能力建设概况

近年来,国家愈加关注农村地区的基层医疗卫生服务能力建设。基层医疗卫生机构主要包括乡镇卫生院、村卫生室、门诊部、诊所或者医务室、社区卫生服务中心等。早在 2014 年,国家相关部门召开的工作会议中就提出要提高基层医疗机构的服务能力。河北省近年来农村三级医疗服务网基本形成,新农合制度逐渐完善,乡村卫生医疗服务队伍有所壮大,由此构成了初步完善的基层医疗卫生服务体系,各地基层医疗卫生服务能力得到一定程度的提升。但总体而言,农村基层医疗卫生机构的服务能力在很多方面还难以满足民众日益增长的健康需求。

(一)基层医疗卫生服务网络初步形成

2013年以来,邢台市新农合参合率基本实现全面覆盖。邢台市基层医疗服务机构和村卫生室配备使用的基本药物统一实行零差率销售;疾病预防控制、卫生应急和卫生监督制度不断完善;全市医疗服务监督管理水平持续提升,中医药事业发展非常快,重点医疗卫生项目的建设也保持良好的发展趋势,医德医风建设成效显著。近年来,邢台市卫生局将基层医疗机构的工作重点放在了以下几个方面:农村卫生室的硬件设施、医生的道德素养和专业技能、进一步优化健全新型农村合作医疗制度以及药物制度。同时,对县级的公立医院进行较为全面的改革,逐渐实现县乡和乡村卫生服务管理的一体化,通过农村卫生人员在岗专业技能培训、提高乡村医生的薪资待遇等措施,不断增强基层医疗卫生服务能力。

(二)医疗卫生机构服务供给能力有待进一步提升

邢台市的乡镇卫生院逐步形成了公益性的运行机制,在缓解广大农村居民在村卫生所就医压力的同时,也减轻了老百姓的一部分经济负担。但是乡镇卫生院的综合服务能力总体上仅为县级医院的三分之一,"看病难、看病贵"等问题并没有得到有效的解决。当前,乡镇医院数量仍然偏少,医疗基础设施不完善,只能对一些基本的病情进行医治,针对一些基本检查的仪器在大部分乡镇卫生院还没有得到普及。总而言之,邢台市的基层医疗卫生服务事业在近几年取得了一些阶段性成就,但也存在发展不平衡、基层服务能力有待提升等问题。

二、农村基层医疗卫生服务能力建设面临的问题

本文对河北省邢台市W县的基层医疗卫生服务工作情况进行了实地调研,主要走访了MZ镇卫生院、DSY乡卫生院、FY镇卫生院及HZ乡、YF村委会、HW村委会、DZ村委会等卫生所进行了问卷调查及访谈。

(一)乡村医生收入低且人才匮乏

邢台市卫生局自2013年对县级医院、乡级卫生院药品销售进行改革,实行无差异化销售,这使得基层医疗服务人员收入普遍下降,现有补助水平也降低了许多。另外,基层医疗卫生机构的条件相对于县级、市级机构而言比较艰苦,许多医生首先选择的是留在市级、县级或者城镇医疗机构工作。有的地方由于资金补助不能够及时地到位和拨付,导致村卫生室的正常运转都得不到保障,从而使村医队伍出现大幅度地波动,有的卫生室仅有一名医疗服务人员,很大程度上影响到村民就医。

在新型农村合作医疗改革之前,基层医生的收入来源主要是诊疗收入,而药品的差价收入又是诊疗收入的主要组成部分,将近2/3。新医改之后,邢台市乡村医疗服务人员的收入构成发生了一些改变。政府提供的公共卫生服务补贴和基本药物无差异化销售的补助等构成了基层医疗服务人员收入的重要组成部分,相应的基层医生在卫生室提供的医疗服务以及公共卫生服务所获得的收入随之减少。因为政府资金对基层卫生服务的支持有限,基层卫生院的收入来源主要依靠就诊收费来维持。通过访谈,一位院长表示,卫生院的房屋在镇里面是最破的,医生的待遇也是最差的。在村一级的基层医生没有补贴,而且由于收入低,有的基层医生把看病当作副业,还有的外出打工或者转行,这种现象并不少见。

(二)医务人员专业技术水平和综合素质不足

医务人员的专业技能及综合素质的高低影响着患者病情的恢复程度及对医疗服务的满意度。由于卫生院(所)的医疗服务人员的学历相对较低,很多都是中专毕业或者大专毕业,其中一部分人可以申请外出进修,但当地医疗机构提供的外出进修学习的机会十分有限,导致工作人员的医疗技术水平非常受限。以现在的医疗发展水平而言,基层医务人员学历水平的最基本要求应达到大专和本科层次。但调查显示,基层医疗服务人员的学历以中专和大专为主,其中中专人数占58.23%，大专占31.45%，而本科生所占的比例只有1/10。调研中发现，有好多患者家属在等待同一个护士打针的现象，其他的护士因为缺乏经验、专业度低却帮不上忙，得不到老百姓的认可和信任。医疗人力资源是基层卫生组织服务能力的重要组成部分，其素质的高低关乎乡村卫生服务能力的水平。无论是从在职人员的知识结构、技术水平还是服务方式来看，现阶段医务人员的整体情况都无法满足乡村医疗卫生服务发展和医疗改革方面的需求。

（三）医疗资源投入匮乏导致医疗服务供需失衡

第一，卫生院（所）用房数量不足，房屋缺乏。大多数乡镇卫生院的一些诊室没有明确的分区，而且病床紧缺。第二，卫生院医疗设备非常简陋，只有简单的基本医疗设施。有些乡镇卫生院提供的检查项目只有验血仪器、心电图，简单的B超都做不了。少数村里面的卫生所只能够测量血压。第三，药品匮乏。调查发现，将近一半的就诊人员表示村卫生室、乡镇卫生院的药品数量少，有些药在私人诊所可以买到，但是在乡镇卫生院、村卫生室却看不到。这也是很多居民更愿意去私人诊所看病的原因之一。由于以上诸多因素影响，基层医疗卫生机构所能提供的医疗服务非常有限，居民对基层医疗资源的满意度不高（见表4-3）。乡镇卫生院基本上不做手术，接诊的病种大多包括高血压、上呼吸道感染、炎症等等，一般只能处理简单的皮外伤。居民如果得了大病，只能去县级医院进行治疗，这也导致上级医院的诊疗压力剧增。

表4-3　居民对基层医疗资源的满意度情况

项目	A. 很好，充足完善	B. 一般，有待提升	C. 很差，需大力改进
YF村委会	18.30%	72.60%	9.10%
DZ村委会	21.50%	73.80%	4.70%
HW村委会	15.70%	70.80%	13.50%

资料来源：根据调研整理。

（四）基层医疗卫生机构管理体制尚不健全

第一，基层医疗卫生机构的管理人员大部分是由当地医院的退休医务人员，或者是学校缺少实践经验的刚毕业的大学生组成的，缺乏技术过硬的中坚力量，这种情况直接影响到医疗机构的管理质量。第二，制度不明晰，人员分配不合理，缺少约束机制。少数乡镇卫生院的收费人员与抓药人员是同一个人，两项业务在同一个房间完成。在正常的值班期间，患者找不到相关主治医生的现象时有发生。另外，由于公共卫生事业补贴有限，管理人员的薪资相对较少，又没有相应的激励机制，导致管理人员未能全身心地投入工作。因此，基层医疗卫生机构的管理质量以及医护服务质量都无法与正规大型医院相比。

三、提升农村基层医疗卫生服务能力的对策建议

（一）增加政府资金的专项投入

政府需要提供更多的专项资金用于支持基层医疗卫生事业，从而提升基层医疗机构的服务质量。政府在提供资金支持的同时，也要根据基层医疗的实际情况制定相应的制度，进而利用好这份资金并促进基层医疗事业的发展。在政府调拨给基层的支持资金到位以后，各个部门的工作人员要合理运用资金引进先进的技术设备，按照“统一规划、填平补齐、分级分配”等原则，加大力度对基层医疗机构的整体状况进行综合整治，实现医疗资源的优化配置，最终实现我国基层医疗事业发展的目标。另外，要提高基层医疗服务人员的薪资水平，尤其是乡村医生的收入，使他们能够把治病救人当作自己的事业而不仅仅是职业，从而真正提高基层医疗卫生服务的基础能力。

（二）提升基层医务人员的专业素质

首先，基层医疗机构应该重视人才资源，不断引进高素质人才，从而更好地满足基层医疗服务机构的需求。同时，政府应该给那些无证上岗和学历较低的基层医生以及护士提供带薪培训或继续教育

的机会。就带薪培训而言,可以是卫生院富有威望的专业医疗人员对基层人员进行内部培训,或者定期指派其与上级医院进行业务学习交流,从而实现每一个医护人员都能在自己的岗位上熟练掌握专业技能,更好地服务患者。

其次,应针对培训及继续教育详细制定相关制度,以加大对基层医疗服务人员的培训力度,使医务人员自身的专业水平得到提高。比如,设立拨付培训、继续教育的相关基金特别是基层卫生人才专项教育基金等,专门用于乡镇卫生院医疗服务人员进修、培训和继续医学教育。应明确规定学习的时间和次数,在培训过程中可以设定相应的激励和惩罚措施,以保证每个医疗服务人员能够接受到培训及相关教育。同时,要紧跟时代潮流,利用好网络资源,积极引用创新性的学习方式及方法,激发医务人员接受继续教育或培训的兴趣。

(三)提高基层医疗卫生机构建设管理水平

农村基本医疗服务的改善,不仅需要经济发展实力或财政实力的增长,更需要合理的制度安排作为保障。政府应根据乡镇卫生院发展建设规划拨付一部分资金,来强化乡镇卫生院基本设施改造、更新和管理。同时,要严格执行基层医疗机构管理人员的上岗制度,尤其是乡镇卫生院院长以及中高层管理人员必须获得相关的学历、证书以及相关的管理经验才能上岗。要贯彻落实《乡镇卫生院管理办法(试行)》,以基本医疗服务能力及医疗服务提供情况为管理的核心,建立健全问责约束机制。另外,应健全完善相应的考核制度,以此提升乡镇卫生院的竞争力,从而整体提高基层医疗卫生机构服务能力。

(四)完善基层医疗卫生机构绩效分配机制

通过访谈了解到,一些乡镇卫生院没有绩效工资制度,这也是导致基层医疗服务人员流失的主要原因之一。对于关键岗位、业务骨干和做出突出贡献的人员,应当给予更多的收入分配额度。要让医疗服务人员看到自己的劳动回报,多劳多得。其中,相关领导成员应该以身作则,薪资应该透明化,院长的薪资应该由上级相关部门根据实际情况进行考核。对于长期在一线从医以及贡献突出的医务人员,应当按照国家和当地的规定给予适当的奖励。此外,应进一步完善乡镇卫生院的人事管理工作,明确招聘制度,全方位落实岗位管理。针对在基层某些医疗岗位严重缺人的现象,人事主管部门应以事实为依据,在招聘要求方面可以适当放宽相关条件。对于那些已经取得相关执业资格的乡村医生,可以留出相应名额予以编制。

(五)推动县乡村医疗机构纵向合作

政府或者医院可以制定相关方案,通过利益共享、资源整合等纵向合作机制推动县级医院与乡镇卫生院及村卫生室进行沟通交流,以便县级医疗机构中的人才、先进的设备技术以及优质的管理制度向乡镇卫生院合理流动,使乡村医疗卫生机构的综合条件更加完善。县级医疗机构应当组织一定数量的技术过硬的医务人员到乡镇卫生院进行挂职,为乡镇卫生院的医务人员进行培训;同时,乡镇医疗机构中的某些业务骨干可以以学习的形式到县级医院进行辅助诊治〔1〕。对于乡镇卫生院注册执业的医师,应当将其实际服务时间计入卫生支农经费核算的年限之中。对于那些已经退休的富有经验和工作热情的县级医生到基层卫生院(所、室)继续任职或者挂职,其福利应当延续享有。

〔1〕 辛歆:《农村公共医疗卫生资源供给效能研究设计》,载《商业经济》2014 年第 14 期,第 11 – 13 页。

CHAPTER 05 >>

第五章

形成协同高效的养老服务体系

形成协同高效的养老服务体系是社会保障事业高质量发展的客观要求。增强社区居家养老服务能级、推动民办养老机构提质增效、促进优质养老社区健康发展是形成协同高效的养老服务体系的重要方面。

第一节　增强社区居家养老服务能级

社区居家养老是国际养老服务保障的发展趋势之一。近年来,社区居家养老服务模式也日益受到我国政府和老年群体的关注,成为构建居家社区机构相协调的养老服务体系的重要基础和依托。结合对天津市的调研,本节考察了社区居家养老服务的运行状况及其发展建设经验,分析了社区居家养老服务建设中存在的资金来源、服务人员、服务覆盖、监督与激励机制、社会参与度等方面的问题,并提出了相关完善建议。

一、社区居家养老服务的主要项目及运行状况

天津市是我国较早一批进入人口老龄化的城

市。作为我国四大直辖市之一,天津市人口老龄化水平位于全国前列。2013年9月,国务院出台的《关于加快发展养老服务业的若干意见》明确提出"到2020年,全面建成以居家为基础、社区为依托、机构为支撑,功能完善、规模适度、覆盖城乡的养老服务体系"。为应对人口老龄化趋势,着力实现党和国家确立的"老有所养"的目标,天津市积极发展社区居家养老服务并取得了一定的成效。天津市的社区居家养老服务项目是根据老人的实际需求设立的,主要涉及老人的生活照料、医疗康复护理、精神慰藉三大类。天津市自实行社区居家养老以来,不断增加养老服务项目,目前已形成如下具有特色的主要项目。

(一)政府购买养老服务

政府购买养老服务是指政府为重点服务对象提供免费居家养老服务的一种项目。重点服务对象包括各类老年困难群体以及为本市人民做过突出贡献的老人,每个区的重点服务对象稍有不同。政府购买服务的资金来源于市区级财政。自2008年开始,该项服务在天津市得到全面推行。由于贴近民生、贴近实际、贴近老年人需求,该项服务在实施后广受好评并取得了很好的效果。

天津市和平区政府购买服务的重点服务对象为低保户、特困户、优抚人员、残疾人士和80岁以上生活困难的老人。政府通过组建一支110人的队伍专门为这些老人开设理发、洗衣、保洁、配餐等56项服务,然后根据重点服务对象的困难程度和实际需求,为每人提供每月40到120元不等的服务。政府每月为这些老人发放居家养老服务券,老人凭券可以享受到无偿的服务。这些服务是以上门服务的方式进行的,政府会提前调查好老人的需求,然后分门别类地为每个老人提供个性化的服务。

河西区则坚持政府主导和社会化服务相结合,采取政府与市场、第三部门合作的方式为老人提供免费服务。具体做法是由街道委托公益性公司(西泰公司、友谊家园再就业公司)、民非组织(福寿康公司等)或从下岗失业人员中招聘服务人员提供服务。其重点服务对象为特困、低保、优抚、80岁以上困难老人和市级老劳模等,提供的服务包括生活照料、家政、代购等服务。与和平区的做法相似,河西区政府根据老年人的家庭情况将服务分为无偿、低偿和有偿三种,以保证所有老人都能享受到居家养老服务。同时,区老龄委聘请有关专家对居家养老服务员和管理人员进行专门的业务培训,使之做到持证上岗并能够提供较为专业的服务。

(二)日间照料服务

日间照料服务旨在依托社区内的养老服务设施来照料白天在家无人看护的老年人。养老服务设施坐落在居民区内,服务功能齐全,满足了老人多方面的需求,丰富了老人们的晚年生活。以河西区为例,其重点照料范围是困难老人、空巢老人和高龄老人等特殊群体,而且是生活能够完全自理或半自理的老人群体,在此基础上面向全社区老人提供服务。白天老人在这里不仅可以受到很好的照顾,而且还有丰富的娱乐活动来充实老人们的内心生活;晚上老人再回到自己家中,每天都可以和自己的家人相处,身心得到了极大的满足。

在生活照料方面,日间照料服务中心一般建有配餐室和休息室。配餐室(含阅览室)一般配有就餐设施、报刊和图书,中午和晚上供老人们就餐,平常供老人们读书看报,白天无人照顾的老人可以到这里来免费享受这里的活动;休息室则配有床位供老人们休息。在医疗保健方面,日间照料服务中心的医疗保健室和健身康复室分别配有基本的医疗设备、常用药品和健身康复器材,老人们在这里可以得到很好的锻炼和护理。在精神慰藉服务方面,服务中心还建有文体活动室和老年人学校。文体活动室配有相应的文体活动设备,如棋牌室、书画室,老人们在这里可以下棋、学习书法、组建合唱团、唱戏、打拳,进行各种各样的活动。老年人学校则配有基本的教学设备和用具,满足了老人活到老、学到老的心愿,使其在精神上得到极大的满足。

（三）养老机构延伸服务

养老机构延伸服务是指养老机构利用其本身的专业性，与政府、公益性组织合作，为居住在家中的老人提供专业化的服务。这种服务最早于2009年出现在天津市和平区，被称为“2+X”虚拟养老院的机构延伸服务。“2+X”是指1个公益性组织（国内最大的敬老志愿者组织即中国寸草心敬老志愿者联盟）和1个专业养老机构（劲松护养院），以日常照护、医疗保健、心理关爱和老人配餐为主题服务内容的多种服务项目。在日常照料方面，护养院建有日间照护中心和配餐中心，护养院的服务人员都经过专业的培训和授课，必须持证上岗，因而能够为老人提供较为专业的服务。在医疗护理方面，对于失能老人来说，他们的护理要求较高，一般的服务人员无法为失能老人提供专业化的服务。而护养院内部建有医疗保健中心，有专门的医护人员负责老人的健康护理及身心康复问题。目前，护养院已经和多个社区进行合作，每个社区建设了一个“心贴心为老服务社区工作站”，工作站的工作人员由居委会、寸草心联盟及护养院三方人员组成。养老机构延伸服务不仅使居住在家的老人能够享受到专业化的服务，而且也有效地避免了“老人有需求难以满足”的现象。

（四）紧急呼叫服务

该项服务是为了在老人出现紧急情况时能够得到救助而设立的，天津市和平区于2010年3月11日在全市率先启动该项服务。河西区于2011年也建立起该项服务系统，河东区于2012年启动了“95081”服务热线，其中包含紧急救援服务。紧急呼叫系统的服务对象为高龄独居老人、空巢老人、残疾或失能老人、经济困难且缺乏照料的老人。政府通过免费在这些老人家中安装紧急呼叫服务器及时地获得老人的需求信号。当老人需要医疗和排险等应急服务时，只需按一下紧急呼叫服务器上的红色键，就可联系到服务中心，服务中心那里便可以显示出老人的相关信息（姓名、年龄、住址、健康状况、联系方式等），然后便可通知相关人员前去服务。目前，和平区已有近千户老人的家中安有该系统。每位使用了该系统的老人都得到过相应的服务并对此赞不绝口。

(五)配餐服务

所谓配餐服务,是指天津市民政局与老龄委、专业养老机构、配餐公司合作为在家中无人照料、吃饭困难的老人提供配餐、送餐的一项社区居家养老服务。老人们可以在社区餐厅、居家养老服务中心内就餐,也可以享受他们提供的送餐服务。目前较为典型的配餐企业是进万家社区服务有限公司,因为该公司的配餐服务已经形成一定的规模和品牌效应,销售网点覆盖多个区,如河西、河东、南开和西青等。公司内有专门的营养师,可以根据时令、时节制定菜谱,还可以根据每个老人的口味和健康状况提供个性化服务,不仅解决了老人的吃饭问题,而且使老人吃得好,保证了营养。另外,为了使价格降到最低,公司直接从农民那里进货,大大减少了中间的差价,甚至比市场进价还低,使老人们享受到物美价廉的服务。此外,该公司还提供一元钱的送餐服务,解决了行动不便老人的吃饭问题。

二、社区居家养老服务建设的有益经验

(一)政府层面的重视与支持

若没有政府的宏观规划指导与固定的资金来源保障,一项政策便很难持久开展,因此政府的重视与支持非常重要。天津市社区居家养老未来的整体规划是形成“9073”的格局,即老年人中有90%的老人依托社区分散居家养老,7%的老人在老年宜居社区(老年公寓)集中居家养老。天津市已将居家养老服务纳入各级政府社会经济发展规划。在政府财政支持方面,天津市财政部门每年都有一笔固定的资金投入居家养老事业,这对我国其他地区开展社区居家养老具有很好的借鉴意义,那就是资金先行。

(二)首选服务对象的合理确定

社区居家养老事业的最终目标应是人人享有养老服务。然而,

从我国目前的人力、物力、财力来看，社区居家养老服务暂时只能覆盖到一部分人群。天津市目前的服务受益人群主要是最困难的那部分老人，即高龄、空巢、经济困难、失能等老年群体。一方面，这可以使最需要扶助的老人得到相应服务；另一方面，如果最困难的老人对服务项目的满意度较高的话，就可以吸引更多观望徘徊的老人认同和接受社区居家养老服务。因为老人们的养老思想还比较传统，他们不习惯接受家人以外的照顾，社区居家养老对大部分老人来说还比较陌生。因此，对于财力不够强大的地区来说，社区居家养老的首选服务对象应以最困难老人为宜。

（三）服务项目的多样化

天津市的养老服务项目涉及老人的生活照料、医疗康复护理和精神慰藉三大类，有的社区还设有专门的老人婚姻介绍所，为单身老人的晚年婚姻提供机会。这是一项很好的举措，非常值得推广，毕竟爱情不是年轻人专有的，老人们也应该有自己的一片小天地，拥有自己的“夕阳红”。总之，养老服务不应该只是满足老人的吃饭等日常生活需求，各地在开展养老服务时应注意服务项目的多样化，以满足老人的多层次需求。

（四）养老服务人员的亲和态度

服务人员的态度是这项事业能否持久下去的关键因素，也关系到老人们的切身利益。天津市社区居家养老服务实施以来便受到了老人们的好评，其中主要因素之一便是服务人员的态度。养老服务人员的态度十分亲和，给老人们的印象是把自己当成家人一样来看待。因此，各地区在选拔养老服务人员时，最好选用那些有志于从事养老服务事业、性格开朗、乐于与老人相处的人员来从事这项工作，否则不仅浪费资源，而且也是对老人的不负责任。

（五）养老服务社会化的尝试探索

在日间照料服务方面，河西区与“民非”组织签订协议，由“民非”组织进行管理运营；和平区采取的是政府主导、街道社区管理加志愿者参与的方式；河东区采取的是由社会公益性组织来管理；塘沽区（现并入滨海新区）根据日间照料服务中心（站）的规模，由养老服务中心（站）聘用2到4名服务人员对其进行管理。在配餐服务方面，政府为了鼓励更多配餐服务企业加入社区居家养老服务中，主动减免了配餐企业的税收，而且按民用标准收取其水电气费用，以减少配餐企业发展道路上的阻力。另外，河西区在政府购买服务方面还采用了招标的方式，通过竞争机制选择服务机构，以便使老人享受到更加优质的服务。

三、社区居家养老服务建设存在的主要问题

（一）资金来源单一

目前，天津市社区居家养老服务的资金主要来源于市财政和区财政，还有少部分来自福利彩票。资金来源的单一直接导致了资金的不足，许多社区的服务项目无法有效开展，而且这样下去政府的财力支持也存在难以为继的风险。另外，天津市社区居家养老的服务对象目前主要是困难群体，提供的服务也以无偿或低偿为主。而社区居家养老的未来受益人群势必要扩展到社区中的所有老人，单一的资金来源不利于社区居家养老的长期可持续发展。

（二）服务人员紧缺

服务人员的紧缺主要表现在服务人员的数量和质量两方面。天津市的养老护理员目前处于紧缺状态，再加上越来越多的老年日间照料服务中心（站）的建成，天津市养老护理员的缺口将达数万人。另外，天津市社区居家养老服务人员主要包括各养老机构服务人员、家政服务人员和志愿者等，虽然他们在从事养老服务前也接受过相关培训，但在专业性方面仍有待加强。

（三）服务覆盖面较窄

这里的覆盖面是指居家养老服务覆盖的老人群体以及实行社区居家养老服务的社区范围。就目前来讲，天津市居家养老服务所覆

盖的人群主要集中在最困难的那部分老年人群，即高龄老人、半失能或失能老人、空巢老人等无人照料或行动不便的老人。社区居家养老服务应是一项惠及全民的福利服务项目。因此，它的覆盖面还有待扩展。另外，天津市实行社区居家养老服务的时间还不长，该服务在各区尚未普及，有的区才刚刚开始探索。

（四）监督与激励机制亟待完善

监督机制是指为了保证社区居家养老服务的质量而对养老服务工作进行检查、对享受养老服务的老人进行访问的一项制度。目前，该机制没有形成一个稳定完善的制度，只是各区自发的行为。例如，和平区采取了各街道养老服务协管员定时入户走访老人以便及时跟踪了解和监督服务情况的措施，从而在一定程度上保证了养老服务的质量。激励机制是指对居家养老服务工作做得好的养老服务人员进行表扬、奖励的一种激励制度，这对鼓励养老服务人员的工作热情、保障养老服务人员的有效供应和促进居家养老服务事业发展具有重要作用。然而天津市目前的居家养老服务激励机制也没有形成一项稳定的制度，只是个别区和街道有针对优秀养老服务人员的表彰措施。因此，有必要将以上措施及时转变为完整稳定的制度。

（五）社会参与度不足

总体来看，天津市的社区居家养老是以政府主导、企业及第三部门参与提供服务的形式运行的。各区民政局负责制定有关社区居家养老服务的各种政策，组织开展各种养老服务，各街道办事处和居委会负责具体事宜，而养老机构（包括养老院、托老所、护养院和老年公寓等）、配餐企业、公益性组织等各部门负责提供具体的服务。就目前的情况而言，总的发展方向是好的，但参与的主要部门依然是政府，其他部门的参与力度较小，与政府扶持、社会化运作的目标还有很大的距离。目前社区居家养老服务虽然一般采用无偿、低偿和有偿服务相结合的方式，但其中的大部分服务是不收费的，仅有少量有偿项目而且费用标准也较低。这就造成养老服务供给基本上没有利润可言,很难吸引企业及相关社会组织参与其中。

四、社区居家养老服务发展完善的对策建议

(一)提升全社会的养老服务观念

尊老敬老是我国的传统美德。到了现代,尊老爱老被写进了老年人权益保障法等法规条文。每个老人都曾在年轻时为这个社会做过贡献,付出了自己的劳动,当他们变老的时候,国家和社会理应关爱和善待他们。每个老人都曾年轻过,每个人都会变老,社区居家养老工作的开展不只是为了现在的老人,也是为了每个人的晚年。因此,开展社区居家养老服务首先应建立在尊重老人、敬爱老人的基础上,以“让老人能够安享晚年”为工作目标和基本准绳。此外,政府和社会应加强对各个群体的尊老爱老思想的宣传教育,使各年龄段的人群都将尊老爱老内化为自己价值观的一部分。这不仅有利于加强和谐社会的建设,而且有利于社区居家养老工作的可持续发展。

(二)加强政府主导和鼓励社会力量参与

政府应在宏观层面继续加强对社区居家养老工作的指导,制定具体相关政策法规,进一步明确社区居家养老的目标、资金来源、组织机构、人员构成、服务标准、服务的监督和检查机制等,并尽量将其稳定为一项制度。这些规定明确之后,便可减少社区居家养老服务工作的阻力,最终有利于实际行动的开展。目前天津市社区居家养老的参与主体数量依然较少。政府应实施一些优惠政策,如对提供社区居家养老服务的企业减免税收、提供补贴等,从而鼓励相关主体参与到养老服务事业中来,实现养老服务的社会化发展[1]。除增加

---

〔1〕 郑功成:《中国社会福利改革与发展战略:从照顾弱者到普惠全民》,载《中国人民大学学报》2011 年第 2 期,第 47 - 60 页。

养老服务参与方数量的鼓励措施之外,还应进一步关注增加参与方的种类,如慈善组织等第三部门。第三部门是社区居家养老工作中的重要力量,应酌情放宽第三部门的准入门槛,鼓励其蓬勃发展。

(三)拓宽养老服务资金渠道

社区居家养老服务是社会化的服务,只有政府财政的支持是不够的,其资金来源也应该是社会化的。因此,应大力发展慈善事业,鼓励社会捐赠,丰富社区居家养老的资金来源。此外,应扩大养老服务层次,适当提供一些有偿服务。比如,一些高质量服务要收费,从而使有条件的老人享受到相应的服务。这样,在减轻政府财政负担的同时也可以鼓励企业参与到居家养老服务事业中来,还可以使老人享受到更优质的服务,提高覆盖率,一举多得。〔1〕

(四)保障养老服务人员供给

天津市在开展社区居家养老服务工作时,各区普遍面临养老服务人员紧缺的现象。因此,应从数量和质量两个方面保证养老服务人员的有效供给。一方面,应加强应用型人才队伍的建设,多培养一些养老护理服务人员和社会工作者,以便使老人们能够享受到更为专业和舒适的服务;另一方面,还应广泛吸收失业人员、低龄老人和志愿者从事养老服务工作,实行“时间银行”制度。即相关人员为居家老人提供服务后,把他们的服务时间及质量记录下来,留待以后他们养老时可以提取出来换取服务〔2〕。该制度目前在上海、北京、广州、太原、南京等地均已建立起来,非常值得学习借鉴。

(五)扩展服务范围和服务项目

目前天津市已经开展的养老服务项目尚未覆盖到所有的居家老

---

〔1〕 杨健:《转型期我国社会保障体系发展建设研究》,世界图书出版公司2015年版,第190页。

〔2〕 夏辛萍:《时间银行社区养老服务模式初探》,载《人民论坛》2012年第17期,第140-141页。

人,社区居家养老的服务人群还有待扩大。就已经享受到居家养老服务的老年人而言,他们所享受到的服务仍是不全面的。因此,在覆盖范围方面,对于实施效果较好的养老服务项目,如日间照料服务、紧急呼叫服务、配餐服务等应在整个市区推广,争取使所有社区内的老人都能享受到这些服务。另外,还应进一步拓展诸如组织老年人旅游、婚姻介绍服务等服务项目,以充实老年人各方面的生活,使他们有一个多姿多彩的晚年。

第二节　推动民办养老机构提质增效

民办养老机构是我国多层次社会养老服务体系建设的重要支撑。积极扶持民办养老机构发展有利于缓解社会养老压力、减轻政府养老财政负担。结合对河北省 T 市的调研,本节分析了民办养老机构发展中面临的政策扶持不足、设施建设滞后、持续经营困难、护理人员缺乏、社会信任度低等问题,并提出了相关完善建议。

一、引言

老龄化是社会经济发展到一定阶段的产物。根据国际经验,人口老龄化是由于出生率降低和人口平均预期寿命提高所引致的。其产生通常是一个缓慢的过程,也正是在这个过程中,一个国家和社会才有足够的时间和能力去应对老龄化带来的一系列问题。而我国在社会经济发展与计划生育政策的双重作用下,在短时间内迅速完成了人口年龄结构的转变,于 20 世纪末即步入老龄化国家行列。但与发达国家不同的是,我国人口老龄化发生在我国经济发展初期,即“未富先老”“未备先老”,这就给我国的养老事业带来了严峻的挑战。在新的发展时期,我国将集中力量建立和完善以居家为基础、社区为依托、机构为支撑的多层次社会养老服务体系。民办养老机构在缓解社会养老压力、满足老年人多元化养老服务需求、减轻政府养老财政负担等方面发挥着重要的促进作用〔1〕。民办养老机构是指由社会组织或个人出资开办的,为老年人提供各项养老服务的机构。它是由国家机构以外的社会力量成立的,在主管机构登记注册后,取得独立法人资格进行营利或非营利性的养老服务活动的机构〔2〕。本节的研究对象主要为非营利性质的民办养老机构。

二、民办养老机构发展状况分析

为了应对日益严峻的老龄化问题,我国政府出台了一系列文件以规范并促进养老机构的建设与发展。民政部更是于 2019 年 1 月发布了《关于贯彻落实新修改的〈中华人民共和国老年人权益保障法〉的通知》。通知明确指出,设立养老机构不用再向各级民政部门提出申请且得到批准后才可以开展服务,只需在相关部门进行登记即可开展养老服务活动,从而进一步放开了养老服务市场。近年来,河北省 T 市人口老龄化程度较高,特别是失能半失能老人、高龄老人等养老服务重点对象不断增加。在国家宏观政策的指导下,T 市政府在规划指导、政策调控、土地供应、财政投入、医疗保障等方面进行了相应的制度设计,为全市养老服务业的可持续发展创造了良好的政策环境。本部分采用问卷调查法和访谈法,选取了河北省 T 市路北区、路南区和丰南区的 8 家民办养老机构,同时根据调研提纲对民办养老机构负责人进行非正式访谈,以深入了解民办养老机构的基本情况、政府在养老机构实际运行中发挥的作用与影响、入住老人的相关情况等。其调研内容主要涉及民办养老机构在日常运营、机构人员、服务内容、设施配置等方面的基本情况。

---

〔1〕 黄闽:《民办养老服务机构运行:自我发展与支持体系》,载《重庆社会科学》2016 年第 2 期,第 66 - 72 页。

〔2〕 陈雷:《民办养老机构优惠扶持政策实施评估研究——基于公平性与有效性视角》,载《云南大学学报》(社会科学版)2016 年第 1 期,第 64 - 71 页。

（一）民办养老机构基本运营情况

接受调查的8家民办养老机构共有床位830张，但彼此之间的规模差距较大，床位最多的高达260张，而最少的只有30张。各个民办养老机构的入住率也不尽相同，集中在40%—70%之间，其中入住率最高的达到80%，而最低的仅达到33%（见表5－1）。同时，对照床位数的多少可以发现，入住率与养老机构规模之间并不具备十分必然的联系。绝大部分民办养老机构都是根据房间类型和照护等级的差异来收取不同的费用，大致在1000—3500元之间。民办养老机构的运作资金主要来自老人交纳的入住和照护费用，其次为个人投资，而来自政府与社会捐赠只占极小部分，且大多不以资金形式提供。在日常运营方面，表示收支基本持平的养老机构占50%，略有盈余和略有亏损的各占25%。在经营所用房产权方面，有62.5%的养老机构表示为租赁，12.5%的机构为自有产权，还有25%的受访者表示由于不是高层管理者，对这个问题不清楚。在运营成本方面，62.5%的养老机构表示人工费在所有经营成本中占比最高，其余则认为房租是成本中花费最大的。

表5－1　民办养老机构运营基本情况

机构名称	所处位置	入住率
仟瑞福老年公寓	路南区	42%
姐妹老年公寓	路南区	47%
路南区老年公寓	路南区	61%
福星公寓	路北区	72%
龙东老年公寓	路北区	61%
幸福之家老年公寓	路北区	33%
爱心助残托老所	丰南区	80%
爱心养老公寓	丰南区	45%

资料来源：根据调研整理。

（二）民办养老机构护理人员情况

从护理员平均照护的老人数量来看，50%的民办养老机构护理员要平均看护6到7名老人，25%的护理员要照护5到6名老人，还有25%的护理员平均照护4到5名老人。这些护理员实行轮换休息制，比如有的机构护理员是12小时制倒班，有的是16小时倒班制，还有的是24小时倒班制。也就是说在一段时间内，并不是所有的护理员都会在岗，甚至会有在岗护理员数量仅占机构全部护理员一半的情况。那么每位护理员所要照护的老人就不仅是平均下来的照护数，而要大大多于平均值，因此民办养老机构大多存在护理员数量不足的现象。

从护理员年龄情况来看，调研的8家民办养老机构中共有护理员96人，其年龄全部在30岁以上，且绝大多数在40岁以上，约占94.8%。而30至39岁的护理员只占5.2%，50岁以上人员则超过了半数，占到69.8%。在访谈中了解到，这些较年轻的护理人员大多属于管理岗位，在日常照护中只是协助护理，因此也就不能算作严格意义上的护理员。在向民办养老机构负责人询问护理人员年龄构成原因时，多家机构表示现在年龄小的人不愿意做护理员的工作，而且他们也不敢招收年龄小的人，怕他们耐心不足，没法很好地照顾老人们。

从护理员学历情况来看，96名养老护理员中有过上学经历的占80.2%，其余的则从来没有上过学。在所有受过教育的养老护理员中，拥有大专及以上学历的最少，只有7人，只接受了小学教育的最多，占40.6%。在访谈中了解到，各家民办养老机构基本上没有明确表示必须持证上岗。护理员持证上岗的统计结果显示（见表5-2），57.3%的护理员没有任何级别的护理证，只是接受了入职上岗前的护理培训。此外拥有中级护理证的有9人，占比9.4%，拥有初级护理证的有32人，占比33.3%，并且护理证拥有情况与护理员学历基本呈正相关关系。以上数据可以反映出，T市民办养老机构养老护理人员的专业技能整体偏低。

表 5 – 2　护理人员学历与护理人员持证上岗情况(%)

项目	高级护理证	中级护理证	初级护理证	无证
大专及以上	0	57.1	42.9	0
高中或中专	0	30.8	69.2	0
初中	0	5.6	33.3	61.1
小学	0	0	28.2	71.8
未上过学	0	0	15.8	84.2
合计	0	9.4	33.3	57.3

数据来源:根据调研整理。

(三)民办养老机构设施配置情况

根据调查数据可以看出这 8 家民办养老机构均配备了呼叫器、轮椅、血压计/血糖仪、电视以及监控设备(见表 5 – 3)。这些设备是养老机构必不可少的,所以这些机构在基础设施配备有无方面做得还算合格,但观察中也发现各民办养老机构设施均出现不同程度的破损。对于康复训练器械,只有 25% 的机构表示已配备,同时也只有 50% 的机构表示拥有按摩床/椅,这侧面反映出老年人保健康复方面的需求未能得到充分满足。老年人因为年龄问题多数行动不便,外出或回家需要依靠便捷的交通工具。在调查中仅有 37.5% 的民办养老机构会为老年人提供接送车辆,其余则需要老人自己寻找方式外出,或依靠老人的亲人接送。

在向民办养老机构负责人问及机构内是否有心理疏导室时,有 37.5% 的机构表示有专门的心理疏导场所,其余则表示虽未配备专门场所,但如果发现有老人心理方面出现问题,护理员会及时进行沟通疏解,也就是说他们会为老人提供心理疏导服务,但没有专门负责的场所及专业的心理咨询师。在实地走访中可以看到,几乎每个养老机构都有棋牌桌,但是像其他运动健身类、益智类活动室却很少,仅有 25% 的民办养老机构提供网络室及计算机。因此,在满足老人休闲娱乐方面,民办养老机构仍存在较多不足。

表 5-3　民办养老机构设施配置情况

设施配置	配备机构数(个)	百分比(%)
轮椅	8	100
康复训练器械	2	25
按摩床/椅	4	50
呼叫器	8	100
血压计	8	100
电视	8	100
计算机及网络设备	2	25
监控设备	8	100
老年人接送车	3	37.5
心理疏导室	3	37.5
多功能活动室	5	62.5

资料来源:根据调研整理。

(四)入住老人的基本情况

因为入住养老机构的老人年龄普遍较大,所以对入住老人的了解主要通过访谈法和观察法。随机选取各个养老机构的入住老人总计60人,通过交谈了解到他们的如下相关信息:对于该民办养老机构的满意程度、选择该养老机构的原因以及认为该养老机构存在哪些不足。

对于所在民办养老机构服务的满意程度,超过一半老人表示满意的态度,他们认为在吃住方面还算满意,平时也可以和其他老人聊天或一起活动,不会那么无聊,比起没人照顾还是在养老机构比较好。但是也有超过三分之一的老人表现出不满的情绪,有些老人表示养老机构周围的环境不太好,而且有的设施有些破旧;还有的老人认为有时候会觉得养老机构收费较高,毕竟自己也没有什么收入,当遇到通知因物价上涨或其他原因而上调收费时会有所不满;也有的老人认为民办养老机构没有为他们提供该有的服务,有些失望。

大多数老人是因为子女囿于各种原因无法照顾他们，才选择将他们送入养老机构以便获得更好的照顾（见表5－4）。因为入住民办养老机构的老人大多数是在一定程度上失能失智的老人，很多患有小脑萎缩长期卧床或精神方面有些问题，自己没办法正常生活，时时都需要有人照顾，而公办养老机构对于老人的状况有一定要求，所以民办养老机构是一个相对较好的选择。但是也有一些身体基本健康的老年人，当询问其入住养老机构的具体原因时，他们表示因为T市有些地区正在拆迁重建没有地方住，不好意思去子女家，或者想要租别的房子而房主也不太愿意，所以选择了较为便利的养老机构。

表5－4　受访老人入住民办养老机构原因

健康原因	家庭原因	心理原因	其他原因
半失能	丧偶	摆脱孤独感	没地方居住
失能	和家人发生争吵	不想成为负担	公办机构未接收
半失智	孩子在其他的城市	——	离家近
失智	孩子没时间照顾	——	——

资料来源：根据调研整理而得。

三、民办养老机构发展面临的困境

（一）民办养老机构政策扶持弱，政府与之互动不足

近年来我国出台了一系列支持民办养老机构发展的政策，但是与公办养老机构相比，这些政策的支持力度明显不足。而且即使有针对其发展的优惠政策，大多也是原则性或指导性的文件，具体的可操作性的条款较少，在实际运行中难以落实[1]。比如，近几年出台的《T市人民政府关于加快发展养老服务业的实施意见》在关于支持

〔1〕 康华、庄晓惠：《我国养老机构的问题与对策研究》，载《东南大学学报》（哲学社会科学版）2016年第S1期，第100－101页。

民办养老机构的投融资政策、土地供应政策、税费优惠政策等方面只是提供了粗略的指导。

查阅政府文件可以发现,针对民办养老机构的扶持政策都是基于其非营利属性设置的。但通过调研可以发现,T市民办养老机构多为个人出资成立,所以多数机构即使自我定位为非营利组织,但实际上仍在以营利为目的,这就与扶持政策相悖,致使政策难以发挥其效用。因此在与养老机构管理者访谈过程中,多家机构表示并未得到政策规定的相关优惠,仅有几家初具规模的民办养老机构表示只在税收、水电费方面受到了一定优惠待遇,政府扶持政策的落实仍面临多重阻碍。

政府在民办养老机构实际运行中与之互动不足,尤其是监管力度不够。发展民办养老机构涉及多方利益主体,不同主体不同部门出于自身利益的考量,会出现互相推诿、难以协调等负向互动问题,从而导致没有真正规范民办养老机构的运作行为。同时,民办养老服务业尚未形成统一的行业标准,导致很多民办养老机构的非法行为滋生,比如随意收费敛财,且没有正规登记即进行开业接纳老人,造成很多纠纷与矛盾,影响民办养老机构的健康发展与社会和谐。

(二)民办养老机构设施建设滞后,服务水平低

老年人在职业、文化、经济、身体状况等多方面存在差异,因此老人们对于养老服务的需求也不甚相同。许多老人除了需要物质供给、日常照料等基本照护外,对医疗护理、康复护理、心理护理、休闲娱乐活动的需求也十分强烈。尤其是随着人口老龄化程度的不断加深,高龄化问题突显,失能半失能老人的数量不断增加,他们对医疗保健方面的护理需求将越来越多。

首先,大多数民办养老机构在医疗保健方面的设施比较缺乏,且不具备医疗资质,难以提供切合老年人医疗需求的养老服务。其次,一些民办养老机构基础设施破旧,无障碍环境建设差,不仅无法满足老人们的基本需求,还存在一些安全隐患和风险。再者,休闲娱乐场

所及设施建设不足，在很大程度上使养老机构无法满足老年人对于娱乐活动的需求。此外，老年人往往存在或多或少的心理问题。老年人的心理健康是整个社会需要特别关注的问题。而调研中的民办养老机构拥有专门心理疏导室的仅占三分之一。以上这些都是民办养老机构设施建设滞后的表现。同时，民办养老机构大多缺乏专业化的管理，调研中半数以上的机构仅由几个人负责运营，没有专业的规章制度及管理手册，机构内部运作机制不规范，护理员通常身兼数职且专业能力不强。总之，设施与管理的不足导致了民办养老机构的服务水平低下，可持续发展能力堪忧。

（三）民办养老机构资金不足，经营面临困境

民办养老机构普遍面临经营方面的困难，其中资金来源少、不稳定等问题最为显著[1]。其一，资金来源单一。我国养老服务业市场发育不完善，且养老产业具有高投入、长期性的特点，必须形成规模才有效益。《T市人民政府关于加快发展养老服务业的实施意见》中指出，将福彩公益金留成部分的50%以上用于社会养老服务体系建设。但现实情况是T市民办养老机构普遍规模较小，其运作资金大多来自老年人缴纳的费用与个人投资。而政府资助与社会捐赠只占极少部分，加之福彩公益金的实际投入不足，这直接导致了资金来源单一且不稳定。其二，运营成本高。民办养老机构经营用房多为租赁，因此在房租方面的固定成本偏高。同时，还要将设施折旧费、多方面的税收以及不断上升的护理员用工费考虑在内，再加上营运的日常支出、物价上涨等因素，其在经营过程中极易陷入困境。其三，收入不足。依据调查数据可以发现，民办养老机构普遍存在入住率低的现象，多数床位闲置，养老资源利用率不高。这些空置的床位无法转化为收益，也加剧了民办养老机构收支不平衡的状况，影响其可持续发展。

---

〔1〕 黄健元、程亮：《社会支持理论视角下城市民办养老机构发展研究》，载《东南学术》2014年第6期，第83－89页。

(四)民办养老机构护理人员缺乏,专业技能差

民办养老机构入住老人多为失能半失能状态。根据调查数据,大多数机构护理人员平均照护老人的数量都在6人及以上。而对于失能老人与护理人员的合理比例,国际公认的标准为3∶1,因此护理人员数量不足是民办养老机构面临的一道难题。同时民办养老机构护理员的工资不高,有些甚至没有达到T市最低工资标准。他们的护理工作实行12小时、16小时甚至24小时工作制,工作强度较大,但其他方面的待遇和社会地位较差,所以护理人员流失情况非常突出。另一方面,民办养老机构的护理员大多是来自本地农村、学历较低(初中及以下)且年龄在50岁以上的女性。她们大多没有任何护理证书,只接受了来自养老机构内部上岗前的简单培训,而且缺少上岗后的定期培训。因此,护理员整体上缺乏专业性的照护技能,服务水平较低,难以满足老年人多方面的护理需求。下面的访谈内容可以大致反映出相关情况。

访谈员A:咱们这里现在护理员好招吗?

管理人员W:这不好说,也不是说找不着,就是有的不符合标准,老人们也有自己的要求。而且咱也算是一半慈善一半服务性质的,给的工资不算高,好多人也不愿意来。

访谈员A:咱这有没有年轻一些的护理员,比如护理专业的?

管理人员W:那没有,你想想也不可能啊,你们也是年轻人,你们愿意现在每天照顾那些老人们吗?肯定也不愿意,还有好多小脑萎缩的老人就躺在床上等着照顾呢,那要没耐心可不行。不来是一方面,来了也不放心,咱们现在的护理员上岗前都给他们培训,照顾得也不差。

访谈员A:那咱们现在养老院的护理员们忙得过来吗?

管理人员W:还行,咱这完全卧床的老人不算多,要是有护工辞职的时候就忙点,我也可以帮帮忙照顾一下。

（五）民办养老机构社会信任度低，有效需求弱

在调研中对民众做了简单的访谈，以了解他们对于民办养老机构的看法。在提及“您会选择让家里的老人入住养老机构吗？”这一问题时，受访者 A 表示暂时没有这样的打算，自己也可以照顾父母，怕把父母送到养老机构受虐待，不太放心。受访者 B 表示自己可以和老伴互相照顾，没有必要花钱去养老机构。当问到对于民办养老机构及其性质的了解程度时，受访者 C 表示民办就是私人办的机构，性质不清楚。同时，他也反映自己路过的一些养老机构，从外边的建筑看起来就不太好，应该都是民办的。受访者 D 表示民办养老机构还是不太规范，可能会有乱收费现象，赚老人钱。当问到居民如果选择养老机构是去公办还是民办时，多数人都表示会选择公办养老机构，他们认为那里更加规范、公益性强，在很多方面会更有保障。

由此可以看出，我国“养儿防老”的传统观念对现代人仍有很深影响，大多数老人及其家庭成员更愿意其在家中养老。因此社会上大多数人对于养老机构的接受程度不高，尤其对民办养老机构更是存在较深的偏见，整体信任度低。他们一方面认为养老机构是老人因为子女不孝才会去的地方，另一方面对于民办养老机构的性质认识不清，认为民办养老机构都是为了敛财营利，当然这也和政府及相关部门缺少对民办养老机构的宣传有着很大联系。另外，老年人受收入和消费观念的影响，更注重积蓄财富，整体购买力不强，对于民办养老服务的购买意愿也相对较弱。

四、推动民办养老机构提质增效的对策建议

（一）健全民办养老机构扶持政策，增强良性互动

政府政策扶持是促进民办养老机构发展的重要外部动力和制度

保障[1]。政府应平等对待不同性质、不同规模的养老机构，为各类民办养老机构的发展创造良好、公平的外部环境。在政策引导方面，应针对现实情况提出具体可操作的政策条款与细化的政策措施以便能够应用于实践。比如，对民办养老机构的扶持标准不应仅停留在床位数量这一指标上，而不去关注其品质是否合乎服务标准。再有，如何对各民办养老机构的床位是否真正投入使用进行监管、相关政策中关于"符合条件"即可得到补贴涉及的是哪些具体条件等等，这些措施内容都需要进行细化与完善。

同时，政府各部门应加强与民办养老机构的良性互动。首先明确职能权责，简化手续，规范程序，将政策落到实处。其次加强对民办养老机构运行的监督，对其不当行为进行处罚，并妥善处理由不当行为产生的争端及后续问题。主管部门还应建立起对民办养老机构的评估体系，依据评估结果对其进行奖励或要求其整改，以规范民办养老机构运行[2]。

（二）加强民办养老机构设施建设，提升服务品质

民办养老机构增强自身建设是促使其健康可持续发展的必然要求。民办养老机构的建设要从老年人这一主体出发，精准把握入住老人的特点和需求，建设适应其需求的设备设施，提供满足其要求的养老服务。利用完善的设施与优质的服务吸引更多老年人入住，可以提高机构入住率，减少床位空置，使各类养老资源发挥其作用，不断提升其市场竞争力，进而起到促进养老产业完善与发展的作用。

一方面，要加强硬件设施建设。首先，应改善居住环境，完善基础设施，按照规定进行无障碍环境建设，保障老人的基本安全与需

---

[1] 黄闽：《民办养老服务机构运行：自我发展与支持体系》，载《重庆社会科学》2016 年第 2 期，第 66－72 页。

[2] 陈雷：《中国机构养老服务从补缺型迈向民享型与发展转变》，载《现代经济探讨》2016 年第 1 期，第 17－21 页。

求。其次,建设休闲娱乐设施、医疗保健设施、多功能活动室、心理疏导室等多样性的设施与场所,以满足不同老年人在休闲娱乐、医疗保健、心理纾解等方面的多元化需求。另一方面,要提高养老机构内部的管理水平及养老服务水平。应规范机构内部的运作制度,增强组织凝聚力,提升服务品质,主动提供更加人性化的优质服务,从而在多方面增强机构综合实力。

（三）推动民办养老机构资金多元化,提高运营能力

资金是一个组织机构运行的基础。大多数民办养老机构在面对运行资金不足的问题时,都会采取提高收费标准或者仅提供低端服务的方式,这都无法从根本上解决这一问题。因此需要政府增加资金供给,加大财政投入,出台支持民办养老机构的财政补贴政策。2017 年 12 月,河北省 T 市财政局会同民政局联合制定了《关于落实财政支持养老服务体系建设的意见》,规定养老机构建设补贴提高到 8000 元;养老服务机构有自理、失能、半失能老人入住的,每个月给予机构人均 150－400 元的运营补贴。这体现了 T 市政府支持养老服务业的力度,当然良好的制度设计也需要真正落到实处,才能发挥其效用。同时,应将政府与市场机制相结合,发展“公建民营”和“PPP”模式,鼓励民间资本规范有序地与政府展开合作,降低社会力量准入门槛,鼓励境外力量投资养老服务业,多渠道吸收社会捐赠,实现民办养老机构运营资金来源的多元化。养老机构内部也应加强管理,做好规划,减少不必要的资金支出和浪费,增强应对发展困境与经营风险的能力。

（四）推进民办养老机构护理队伍建设,提升专业技能

人力资源是一个组织发展的核心要素。在民办养老机构中,护理员处于十分重要的位置。因此为了促进民办养老机构的可持续发展,必须提升护理员的护理水平,并减少人员流失。首先,要消除社会公众对于民办养老机构护理员这一职业的偏见。养老护理员是一个较为新兴的职业,随着人口老龄化程度的不断加深,社会对养老护

理从业人员的需求还将增大。因此尊重养老护理员这一职业，提升他们在整个社会的地位，进而减少人员流失是十分必要的。其次，为了使养老护理员们能够为入住老人提供更加专业化的优质服务，还需要加大对护理员的培训力度。政府应当在财政方面安排专门预算，通过建立专门的培训机构，提升民办养老机构护理员的专业化水平与职业化素养。我国已经建立了详细可行的养老护理员国家职业标准，因此必须严格按照国家职业标准对养老护理员进行培训和职业资格认证，进而通过持证考核上岗，对于表现优秀的护理员给予精神与物质上的奖励。养老机构内部也需要对养老护理员组织定期的培训与考核，及时更新其护理技能，力求不断为老年人提供专业、优质的服务。最后，采取多种激励机制，吸引更多的人才，尤其是年轻群体投身到这个行业。比如，提高养老护理员的薪酬待遇，为其建立完善的社会保障制度，增强其职业成就感和荣誉感等〔1〕。

（五）增加民办养老机构有效需求，营造志愿助老氛围

首先，通过加强宣传教育引导民众确立对民办养老机构的正确认识，消除人们对于民办养老机构的偏见，从而增强民众对其的信任感。其次，完善现有社会保障体系以保障老年人生活，转变其传统的消费观念，使老年人能够消费、愿意消费，进而增加对养老服务的需求。长期护理已成为应对老龄化社会的主要方法之一。应探索建立符合本地实际的长期护理保险制度，建立老年人长期护理的资金保障体系，着力解决失能半失能的老年人长期护理保障问题，缓解与改善社会养老压力。短期内，民办养老机构很难通过提供较高水平的工资吸引优秀的专业化养老服务护理人员。在这种情况下应该大力弘扬社会志愿服务文化，营造全社会互助养老的氛围，充分调动社会

---

〔1〕 赵佳寅：《民办养老机构运营的困境与对策》，载《社会科学战线》2016 年第 1 期，第 266－270 页。

志愿力量,在社会志愿者的积极参与中提升民办养老机构服务供给能力,以应对民办养老机构人工成本上涨和护理人员不足的困境。

第三节　促进优质养老社区健康发展

综合性养老社区属于一种介于家庭养老、社区养老、机构养老之间的复合化养老模式,是养老产业精细化发展的结果。综合性养老社区旨在为长者提供集医疗、护理、养老、文娱、社交为一体的场所,不仅借鉴了居家养老、社区养老中"家"的概念,给予老年人"家庭"的归属感,还配备了全套的专业一体化机构与设施,正逐渐成为满足不同层次养老需求和增进老年人福祉的重要新增途径之一。结合对北京市典型养老社区的调研,本节分析了综合性养老社区发展中面临的投资风险未有效分散、运营风险相对较大、养老服务层次有待提升、政策扶持效应有待考究、后续监管机制尚不完善等问题,并提出了相关完善建议。

一、引言

随着我国老龄化问题不断加重,民政部等十一部委在2000年发布了《关于加快实现社会福利社会化的意见》,鼓励多元化投资兴建社会福利机构。2006年3月,全国老龄委等十部委发布《关于加快发展养老服务业的意见》,明确政府应通过财政补贴、购买服务等形式支持社会资本投资建设养老服务机构。到了2009年2月,修订的《保险法》首次允许保险资金投资不动产,保险机构由此开始尝试投资建设养老社区。2010年中国保监会又先后印发了《保险资金运用管理暂行办法》和《保险资金投资不动产暂行办法》,支持保险资金投资医疗机构和养老实体。2013年9月,国务院颁布的《关于加快发展养老服务业的若干意见》提出,要"逐步放宽限制,鼓励和支持保险资金投资养老服务领域"。2014年国务院又颁布了《关于加快发展现代保险服务业的若干意见》，明确提出“支持符合条件的保险机构投资养老服务产业，促进保险服务业与养老服务业融合发展”。这些利好政策吸引了多家保险机构纷纷模仿和学习美国的持续照护退休社区（CCRC）模式，投资建设我国的保险养老社区，并取得了一定的成绩。自2009年国内首个保险养老社区——北京泰康之家养老社区项目获批之后，保险机构投资或计划投资养老社区项目（以下称“保险养老社区”）的数量日益增长。

本节主要采用访谈法和文献法，以北京市的养老社区——泰康之家·燕园为例进行重点分析，并专门与其工作人员进行了深入的访谈咨询，了解和获取了泰康养老社区的相关资料。下文首先介绍保险公司投资养老社区的基本发展态势，然后重点介绍泰康之家养老社区的发展状况及优势，指出当前养老社区在投资方式、运营模式、服务和监管等方面面临的发展问题，从而提出具体的完善建议。

二、养老社区的基本发展状况

泰康之家养老社区是中国保险业第一个养老社区投资实体和目前国内最大的连锁养老机构，在其投资运营的实践过程中也形成了一些自身的特点和优势。下文将首先对保险公司投资养老社区的基本发展态势及特征进行概述，然后分析泰康人寿投资的泰康之家养老社区的发展状况及优势。

（一）养老社区的发展态势及特征

其一，养老社区投资规模不断扩大。利用各种有利的外部条件和自身的发展优势，保险公司抓住参与养老服务业的机遇，不断扩大对养老社区的投资规模。自2009年修订《保险法》后，保险公司开始投资建设养老社区。比如，泰康人寿投资建设的北京泰康养老社区——泰康之家·燕园，成为我国的第一个保险养老社区，随后中国平安、中国人寿、合众人寿等多家保险公司相继参与其中。根据中国保险监督管理委员会相关数据显示，仅在2013年底，就有8家保险机构进行养老社区投资，计划投资额150亿元，实际投资额50亿元。而截至2016年3月底，共有9家保险公司计划投资或已投资28个保险养老社区，计划投资额669.5亿元，已投资额237.3亿元，占地面积合计达1139.4万平方米，建筑面积约1369.1万平方米，设计床位41629个。短短几年内其投资规模在不断扩大，并且增长速度惊人。由此可见，养老社区正在吸引着更多的保险资本涌入。

其二，保险养老社区多采取“保险＋服务”的经营模式。保险公司参与养老服务业一方面可以开发相关的养老保险产品，另一方面可以投资建设养老实体。目前我国保险公司是先投资建设养老社区，同时开发相应的养老保险产品，而后将养老保险产品和养老社区对接，形成一条统一的服务链。在众多进行养老社区投资的保险公司中，泰康人寿、合众人寿和新华人寿等三家保险机构具有一定的代表性。它们分别面向不同的消费者实行差异化策略：泰康人寿建设泰康之家，联结保险产品“乐享新生活养老年金保险（分红型）”，主要定位于高端客户；合众人寿建设合众健康谷，联结保险产品“合众人寿优年养老定投两全保险（分红型）”，主要定位于中端客户；新华人寿则投资建设新华博鳌养老社区，主要定位于大众客户。这种“保险＋服务”的经营模式，既能让保险公司充分利用已有的保险客户资源，节约寻找新客户的成本，也有助于保险消费者锁定居住成本，降低未来通货膨胀所带来的贬值风险。

其三，养老社区在其他方面的特征如下（见表5－5）。在土地获取上，保险公司多与政府合作取得土地用于养老地产的开发，产权最长为50年，并且能够取得国家的相关优惠政策支持。养老社区的选址一般也是环境优美、交通便利，紧靠一些大中型医疗机构。在硬件设施方面，保险公司投资的养老社区在社区建设和配套设施上都符合老年人的特殊需求，如各种无障碍设计、危险报警系统、医疗资源、娱乐设施等，正因为这些特殊的硬件设施需求，使得保险公司前期投入大，公建及特殊设计提高了前期成本。

表 5-5　养老社区特点总结

项目	主要特点
土地获取	多与政府合作取得养老社区的土地
理想选址	环境优美，交通便利，临近医疗机构
优惠政策	低价获地，政府补贴，税费减免等
运营管理	实际操作中需要整合医疗资源和运营资源
市场反应	虽然潜在消费客户多，但有效需求不足
规划设计	从住区规划、设计到配套，符合老年人需求
投入产出	前期投入大，持有经营收益稳定但回收期长

资料来源：根据调研资料整理。

（二）泰康之家养老社区的发展状况

其一，泰康之家形成了全国连锁模式。泰康之家是目前国内最大的连锁养老机构。从 2007 年泰康形成参与养老服务业的思路开始，泰康便组织团队在 2007 年和 2008 年先后前往日本和美国访问考察国外的养老社区，至此泰康养老社区商业模式构想正式形成。2009 年保监会批准了泰康人寿在北京建立养老社区的申请，随后便开始在北京市昌平新城购置土地，设计相关保险产品，动工建设养老社区，并于 2015 年开业运营。燕园距北四环仅 30 分钟车程、距地铁昌平线南邵站约 700 米；社区一路之隔是白浮泉湿地公园，北边临近蟒山国家森林公园、十三陵水库，向南临近京密引水渠；在社区周边满足 30 分钟黄金急救时间的医院多达六家。继燕园之后，泰康在上海、广州、三亚、苏州、成都、武汉、杭州等 7 个城市先后竞得养老社区用地，基本完成了在我国一线重要城市和部分二线城市的布局，全部建成后大约能提供 1.3 万户养老单元。目前，北京泰康之家・燕园、上海泰康之家・申园、广州泰康之家・粤园养老社区已正式投入运营，标志着泰康完成了泰康之家候鸟式全国连锁模式的布局落地，以及在京津冀、长三角、珠三角三大核心经济圈的布局。三大养老社区运营以来，广受社会好评，已形成高素质的居民群体，社区居民多为知识分子、退休干部、企业领导、私营业主。

其二，泰康之家的入住率不断提升。泰康养老社区的容纳规模大多在1000—3000户之间，千户以内的小规模养老社区较少（见表5－6）。从已经正式投入运营的三个养老社区来看，2015年6月26日第一个投入运营的北京燕园一期入住率为18.6%，2016年第二个开业运营的上海申园的一期入住率为44.2%，2017年第三个正式运营的广州粤园的一期入住率达到60.0%。随着时间的推移，泰康养老社区的一期入住率在不断显著提高，这表明中高端养老社区在国内来说是个新生事物，消费者正在慢慢地接受它，社会对其认可度也在不断地提高。

表5－6　泰康之家养老社区的全国布局情况

城市	名称	投资	占地面积	建筑面积	计划容纳	开业时间	一期住户
北京	燕园	54亿	14万m^2	31万m^2	3000户	2015－6－26	557户
上海	申园	42亿	9万m^2	22万m^2	2400户	2016－7－18	1060户
广州	粤园	20亿	6万m^2	12万m^2	1200户	2017－1－18	720户
武汉	楚园	—	—	20万m^2	2000户	—	—
杭州	大清谷	—	—	—	600户	—	—
三亚	海棠湾	—	15万m^2	6万m^2	—	—	—
成都	蜀园	—	7.7万m^2	21万m^2	2000户	—	—
苏州	吴园	—	23万m^2	20万m^2	1706户	—	—

数据来源：根据调研资料整理。

其三，泰康之家全力打造“医养结合”的服务优势。“医养分离”一直是我国养老服务中的一块短板，泰康之家建立之初就以“医养结合、持续照护”为核心，所以其医疗配套资源十分充足，真正实现了养老服务中的“医养结合”，在养老市场中有着很大的优势。在医疗方面，泰康之家稳步推进国际水平、中国领先的高端医疗体系建设，以北京、上海、广州、成都和武汉五大区域为龙头，引进优势医疗资源，打造医教研一体化的顶级医学中心。泰康的医疗服务优势主要体现在以下三个方面。第一是自建康复医院。例如，泰康之家·燕园投资2亿元自建了二级康复医院，已经投入运营的申园与粤园也有自建的康复医院设施。第二是其顶级的医疗资源。泰康在2015年9月控股运营三级综合医院南京仙林鼓楼医院，并于2016年成为南京大学医学院附属医院，医院将引入美国住院医师培训体系，在远程医疗、国际转诊等方面与国际一流医疗机构展开合作。第三是健康管理服务。泰康养老社区非常关注入住者的身心健康，在老人入住时为其配备专业的健康管理师，建立健康档案。

三、养老社区发展面临的主要问题

虽然保险公司依靠其客户、资金的优势以及利好政策的支持，不断涌入养老社区投资中，并取得了一定的实际成果，但是在发展过程中依然面临着一些问题和困境。这主要涉及投资风险、运营方式、政策支持、服务监管、服务层次等诸多方面。

（一）投资风险未被有效分散

一个公司的生产经营全过程可以分为四个部分：筹资、投资、运营和利润分配。目前我国的保险养老社区在投资和运营两个方面都存在很大的风险。从前期投资来看，保险养老社区投资风险过于集中，流动性风险过高。由于老年消费群体的特殊需求，建设养老社区要比建设普通居民小区投入更多的资金，在医疗保健、老年活动等配套设施方面投入也很大，所以其成本很高，而且效益回收周期长。从国际成熟的养老社区经验来看，其投资者可以通过房地产信托投资基金（REITs）来进行间接投资，这一方面可以使得投资主体多元化，分散投资风险，避免一家公司单独承担所有投资风险。另一方面，REITs份额能够在证券市场上自由流通，降低了其流动性风险。[1]

---

〔1〕 陈琼、杨胜刚：《REITs发展的国际经验与中国的路径选择》，载《金融研究》2009年第9期，第192－206页。

目前我国保险公司对养老社区大多采取直接投资的方式，并且投资主体单一、资金来源单一。这使得保险公司投资的养老社区一方面无法分散投资风险，另一方面自己投入的资金将被牢牢地捆绑在固定资产上不能进行自由流通，再加上养老服务投资的回收周期长，导致其流动性十分低，流动性风险很大。

（二）运营风险相对较大

从保险养老社区的后期运营管理来看，在重资产模式下保险公司的运营包袱太重。目前我国的保险养老社区大都是采取重资产运营，保险公司在养老社区的投资中全程参与了前期的养老社区资金投资、养老社区建设，以及后期的养老社区运营、养老服务提供。

从国内外的相关经验来看，重资产运营会大大提高自身的风险，从而造成收益较少甚至亏损的局面。例如，美国最大的养老地产运营商 BKD 公司，2007－2013 年重资产运营 500 多个养老社区，但是其净利率却是－5.6%。[1] 重资产运营在养老服务市场相对发达的美国尚且如此，在目前中国的养老服务市场还不发达的情况下，其运营风险更大。国内的公办养老机构大多是政府包办包管体制，类似于泰康之家的重资产运营。从理论上来说，公办养老机构在资源整合方面缺乏优势，在具体的运营管理方面也不及民间力量，所以它们所承担的重资产运营风险要远远大于保险公司。但是公办养老机构凭借着自身的机构性质和政策优势，可以依靠国家财政来保证自身的正常运转，并且不用为保证创收和发展而担心。所以综合国内外的相关经验可以看出，在部分能力不足的情况下采取重资产运营，包办养老社区所有的投资运营过程，这会加大保险公司自身的营利风险。

---

〔1〕 叶奕：《美国养老产业模式探析》，载《科技智囊》2014 年第 12 期，第 39－44 页。

（三）养老服务层次有待提升

虽然目前保险养老社区在社区规划、医疗整合、娱乐配套等方面已经做得较为细致了，比公办养老机构和一般的民营养老机构都要好，但这并不意味着其后续服务已经无懈可击。从目前的状况来看，保险公司投资的养老社区在运营中仍然存在着服务层次不完善的问题。例如，泰康之家虽然在医养结合方面已经取得了较大成绩，在社区特色文化产品方面也有社区俱乐部、乐泰学院等，为老人们提供老年大学、运动健身和旅游度假等活力养老项目，但是面对老人情感慰藉方面的需求，他们却缺乏相应的服务。

由于我国当前独生子女家庭较多，且子女大多常年在外，他们陪伴父母的时间很少，所以老人的孤独感很重。因为体力与能力不断衰退、生活环境和习惯改变等原因，刚进入养老社区的老人也经常会有“心事”。就算是在养老社区生活了一段时间，老人也会因为生病、家庭变故、节假日或是与人相处等生活细节问题闹些“别扭”，出现不同程度的心理问题。养老社区面对这样的问题，应该为其提供相应的心理咨询、心理疏导服务，促进老人的心理健康快乐，但目前保险养老社区在这方面却没能提供相应的服务。

（四）优惠政策引致公益性与公平性的矛盾

为了鼓励社会资本投资养老服务业，国家出台了许多的优惠政策。近年来对于养老机构的各种财政补贴和税收优惠也在不断增加，再加上用地保障措施的出台，大大减轻了养老机构的建设和运营负担，吸引了众多的社会资本加入养老服务领域。这在一定程度上缓解了我国制度养老的压力，改善了养老服务的质量。但是保险公司作为营利性企业，它们投资的高端养老社区主要是面向富裕人群，绝大多数收入水平一般的老人基本上无法进入。如此一来，这些政策优惠及财政补贴变相流向了高收入群体，会在一定程度上产生公平性问题。

政府是为了实现公益性而进行政策优惠，但政策优惠在实施过程中出现了公益性与公平性的矛盾。政策优惠一方面降低了养老社区的建设成本和运营成本,使其可以顺利获取稀缺的建设用地资源、税收优惠等,从而吸引更多的社会资本进入;另一方面,其客户高端化引发了社会的关注。政府应该思考如何改进政策支持方式以协调处理好这样的矛盾问题。

(五)后续监管机制尚不完善

相关的法律法规并没有对保险养老社区的后续监管作出具体规定。例如,保险公司所投资的养老社区在建成运营以后是否能够提供令人满意的服务;保险养老社区的收费项目和价格是否合理;养老社区如果因经营不善而破产倒闭,入住老人的权益是否能够得到充分保障等等问题都没有得到后续关注。政府对养老项目投入了各种资源,但是却没有监督保险养老社区是否有效地运用了这些资源。由于目前国家对保险养老社区的后续监管机制不完善、监管力度不足,如果真的发生了以上问题,一方面消费者不能很好地维护自己的合法权益,另一方面,社会效益的目标不能实现,将会导致社会公众对保险养老社区失去信心,不敢去尝试这个新事物。除此之外,保险公司也很难实现其营利目标。

四、促进养老社区健康发展的对策建议

(一)机构投资养老社区需要重新定位

在养老社区发展成熟的国家,养老社区的参与主体包括三类:第一类是由金融机构尤其是房地产信托投资基金(REITs)构成的投资者,其占据重要地位;第二类是由地产商、养老社区的建筑规划师构成的建设者;第三类是由市场上的专业养老机构或者专业管理公司构成的运营者。这三类主体分工明确,各自履行自己相应的职责,从而使运营衔接较为顺畅。从美国养老地产运行经验来看,养老社区投资商多是通过REITs间接投资,在养老社区建成以后又交给专业的机构来运营管理,从而将养老社区建设和社区运营管理相分离。

在获得高额稳定收益的同时，REITs 利用能在金融市场上自由流通的特点，还能让投资者不被束缚在不动资产上，进而降低养老社区投资的流动性风险。

而目前国内保险养老社区的资金主要来自保险机构的寿险资金，其投资人单一，并且只能直接投资。因此，在进入养老服务业时，保险机构应改变投资方式和运营模式，重新进行定位。首先，在投资方面，国家要适当放宽投资限制，允许和鼓励保险机构与 REITs 信托投资基金合作投资，扩大资金来源，从而分散投资主体和投资风险。其次，保险机构应当采取养老社区建设和社区管理相分离的经营模式，聘请专业的养老机构经营或者与专业的养老公司开展联营。这样既可以降低专业要求和经营风险，又能够取得稳定的长期收益。

(二)加强专业护理人员培养和完善服务层次

专业的护理人员缺乏是影响我国养老服务业发展的一大问题。保险养老社区由于其收费高，入住老人需要的服务质量要求必然也高，所以高端养老社区对于其护理人员的专业性要求也会较高。因此，面对现阶段我国专业护理人员缺乏的情况，保险公司内部可以建立起专业护理人员的培养体系。首先，结合保险养老社区的自身特点和特殊要求，聘请专业的护理专家或者经验丰富的护理人员来制定一份高质量的培训手册和培训计划，并邀请他们来进行培训。然后，在招聘、甄选护理人员的过程中，优先招聘有相关工作经验的应聘者。如果是有护理资格证书的人员可以让其直接上岗或者进行简单的培训以后立即上岗工作；如果是没有护理资格证书的应聘人员，则按照公司制定的培训手册和培训计划对其进行快速培训。此外，政府可以发放养老护理服务岗位津贴，建立和实行养老护理人员资质认证和持证上岗制度，建立健全养老服务专业社会工作者技术职称评聘制度，从国家层面肯定护理人员的社会地位，保障护理人员的合法权益[1]。除此之外,养老社区要不断完善其服务层次。在入住老人的精神慰藉方面,要提供相应的心理咨询、心理疏导服务以保障老人的心理健康。

(三)加强与其他相关机构的合作

养老社区只是养老服务产业链中的一个环节,其向上衔接医疗保险、护理保险和养老保险等产品,向下衔接老年护理服务、老年科技产品、老年旅游等产业,如果能将这条产业链整合好,那么依靠医疗服务、护理服务、文化服务、社交服务来形成附加值,才是养老社区更好实现长期营利目标的关键。因此,保险公司要加强与各大医院、护理院校、地产商、旅游公司等利益相关者的合作交流,利用它们的专业优势来开发养老服务产业链。如泰康人寿和南京仙林鼓楼医院进行深度合作,和霍普金斯大学医院进行战略合作,丰富了其医养结合的后期服务。同时,也可以建立和加强与国外先进养老社区的合作关系。养老社区在日本和美国起步较早,现在已经发展得较为成熟,而我国的养老社区是最近几年才兴起,各方面的经验都还不足。在这种情况下最简单有效的方法就是向日本和美国的先进养老社区学习经验。保险公司也可以选择与它们进行合作,建立战略合作伙伴关系,甚至可以和它们共同开发国内的养老社区。如此一来,便可以直接将它们的先进建设经验、管理运营经验和资源整合经验以及保险产品设计经验引进来,结合本国特点探索出一条适合我国国情的发展道路。这样必定能够更好更快地促进养老社区的发展,让保险公司少走弯路。

(四)改进和提升政策支持效力

养老服务是一种带有公益属性的服务。尽管保险公司投资的养老社区是以营利为目标,但它为社会带来了正外部性,在一定程度上

---

[1] 彭国华:《扶持壮大社会组织提高养老服务水平》,载《人民日报》2013 年 11 月 17 日,第 5 版。

缓解了社会的养老压力。从经济学的角度来看,社会对于正外部性应该进行补偿,这样才能产生激励作用。问题的关键是政府部门如何考察衡量这种正外部性,以及如何补偿这种正外部性。国家对保险公司投资的养老社区进行财政补贴时部分公共财政流向了高收入人群,会产生某种公益性与公平性的矛盾。

为了解决这个问题,需要改进和提升政策的支持效力。第一,对保险养老社区的政策支持要打破传统的"补砖头"和"补床头"方式,采取"补人头"的新方式。根据中低收入人员入住保险养老社区的数量来进行政策支持,这样可以简单高效地衡量和补偿保险养老社区的正外部性。第二,将一部分财政补贴转为税收优惠。如果实行税收优惠政策,那么只要查实保险公司对养老社区的资本投入和养老社区经营者的运营收入,便可发挥税收优惠的激励作用,从而协调公益性和公平性的矛盾。

(五)加强和完善后续监管机制

健全有力的监管机制可以使消费者的合法权益得到充分保障,增加消费者对于保险公司投资的养老社区的信任,有助于消费者更快地接受养老社区这个新事物,从而提高养老社区的入住率。同时,完善的监管机制能够保障保险公司在养老社区建成运营以后提供高质量的多元化服务,吸引更多的老年人及其家属入住,缓解我国现阶段养老服务供给不足和质量不高的现状,实现公益目标和社会效益。

从国家层面而言,国家首先应当出台相关的法律法规,明确规定保险公司投资的养老社区在建设和运营中的相关标准,如养老社区的建设标准、配套设施的标准、医疗服务的标准和各项服务的收费标准。其次,要明确保险公司在养老社区后续运营中的风险处理方案。如养老社区因经营管理不善导致其破产倒闭的,需要明确其对入住客户所应承担的责任,必须退还老人的入住费。考虑到老人的身体原因和健康状况,仅仅是退还入住费用不能够满足老人的本质需求,因此法律法规还应保证养老社区倒闭以后,老人们能够届时在新接收地优先获得与此前相同或相近的养老服务。

从消费者层面而言,应当建立和完善消费者反馈机制。消费者是养老服务的第一接触者和直接受益者,他们能够得到服务质量的第一手信息,因此要建立健全有力的监管机制,必须建立和完善消费者的反馈机制。比如国家的有关监管部门要开通相应的网上或者其他反馈渠道,养老社区可以开通消费者评价渠道,考虑到部分老年人对于网上反馈不太熟悉,可以让他们的子女或者其他人员帮助他们操作。对于差评达到一定数量的养老社区或者养老服务,国家有关部门应深入养老社区对其进行了解和评估,情况属实的应当要求其尽快改进并进行相应的处罚。

附　录

表 1　秦皇岛市 F 区问卷调查对象基本情况

项目	类别	人数(人)	百分比
年龄	18 岁以下	13	6.5%
	18 至 30 岁	42	21%
	30 至 45 岁	90	75%
	45 至 60 岁	30	15%
	60 岁以上	25	12.5%
户籍	城镇	51	25.5%
	农村	149	74.5%
受教育程度	小学以及以下	55	27.5%
	初中以下	71	35.5%
	高中及中专	63	31.5%
	大专、本科	11	5.5%
	研究生及以上	0	0%
职业	学生	13	6.5%
	农民	96	48%
	个体工商户	51	25.5%
	无业	35	17.5%
	退休	5	2.5%

续表

项目	类别	人数(人)	百分比
平均月收入(元)	1500 以下	53	26.5%
	1501－2000	42	21%
	2001－3000	93	46.5%
	3001－4000	8	4%
	4001－5000	4	2%
	5001－8000	0	0%
	8001－10000	0	0%

数据来源:根据调研整理而得。

表 2　城乡居民医疗保险了解途径

了解途径	人数(人)	百分比
政府、社区、街道宣传	109	54.5%
电视、新闻媒体、网络、微信公众号	52	26%
医疗机构、医院医保部门经办人员	27	13.5%
亲戚、朋友告知	12	6%

数据来源:根据调研整理而得。

表 3　样本贫困学生比例基本数据

地区	贫困生	非贫困生	合计(人)
A 河北省	53.33%	46.67%	30
B 天津市	41.03%	58.97%	39
C 其他地区	53.33%	46.67%	15

资料来源:依据调研数据整理。

表 4　我国高校学生资助政策体系

项目名称	资助途径	资助内容
新生入学资助项目	补助	交通费、生活费
国家助学贷款	帮助解决	学费、住宿费
国家奖学金、国家励志奖学金	激励	勤奋学习、积极进取
勤工助学	补贴	生活费等
师范生公费教育	免缴	学费、住宿费
	补助	生活费
退役士兵教育资助	解决	学费
基层就业学费补偿贷款代偿 应征入伍义务服兵役国家资助	解决	学费
直招士官国家资助	解决	助学贷款
其他资助	包括	绿色通道、学费减免、辅助措施

资料来源：依据相关部门公开文件整理。

表 5　我国高校学生资助政策概览

政策名称	颁布时间	颁布主体
《关于进一步加强高校资助经济困难学生工作的通知》	1999 年 6 月	教育部
《国家助学贷款管理操作规程(试行)》	1999 年 8 月	教育部
《中国人民银行、财政部、教育部、国家税务总局关于进一步推进国家助学贷款业务发展的通知》	2001 年 7 月	中国人民银行
《国家奖学金管理办法》	2002 年 4 月	财政部、教育部
《关于进一步完善国家助学贷款工作若干意见的通知》	2004 年 6 月	国务院

续表

政策名称	颁布时间	颁布主体
《高等学校毕业生国家助学贷款代偿资助暂行办法》	2006 年 9 月	财政部、教育部
《国务院关于建立健全普通本科高校高等职业学校和中等职业学校家庭经济困难学生资助政策体系的意见》	2007 年 5 月	国务院
《普通本科高校、高等职业学校国家助学金管理暂行办法》	2007 年 6 月	财政部、教育部
《应征入伍服义务兵役高等学校毕业生学费补偿国家助学贷款代偿暂行办法》	2009 年 4 月	财政部、教育部
《关于进一步加强学生资助政策宣传工作的通知》	2015 年 8 月	教育部、财政部
《关于对直接招收为士官的高等学校学生施行国家资助的通知》	2015 年 11 月	教育部、财政部
《高等学校勤工助学管理办法》	2018 年 8 月	教育部
《教育部办公厅关于做好 2019 年重点高校招收农村和贫困地区学生工作的通知》	2019 年 3 月	教育部

资料来源：根据官方网站整理。

表 6　2018 年全国受资助大学生的数量及资金情况

受资助主体	资助人数/万人	资助金额/亿元
中等职业教育阶段	1629.70	399.96
高等教育阶段（本科生、研究生）	4387.89	1150.30

资料来源：教育部网站。

表 7　2014 年河北省保障性安居工程建设计划　（单位:套）

地区	保障性住房开工合计	廉租住房	公共租赁住房	经济适用住房	限价商品住房	各类棚户区改造合计	城市棚户区	国有工矿棚户区	国有林场危旧房	国有垦区危房
石家庄	12000	800	5500	1700	4000	15000	15000	—	—	—
承德	1089	367	722	—	—	13411	12373	411	297	330
张家口	7134	1900	2500	—	2734	6866	6800	—	6	60
秦皇岛	2250	130	720	600	800	8750	8750	—	—	—
唐山	—	—	—	—	—	11442	10000	—	—	1442
廊坊	5000	—	3500	—	1500	8600	8600	—	—	—
保定	8820	580	2812	—	5428	25180	24992	—	12	176
沧州	4327	800	2690	400	437	10673	7281	—	—	3392
衡水	7500	1000	4000	1000	1500	12308	12252	—	56	—
邢台	5609	430	2580	63	2536	12391	12091	—	—	300
邯郸	4592	140	3390	—	1062	10908	10512	396	—	—
定州	617	117	500	—	—	3033	3033	—	—	—
辛集	—	—	—	—	—	2500	2500	—	—	—
合计	58938	6264	28914	3763	19997	141062	134184	807	371	5700

资料来源:河北省住房和城乡建设厅网站。

表 8　北京城五区及三大郊区 2018 年小初高学校及学生数量

（单位:所,人）

地区	小学校数	在校生数	初中校数	在校生数	高中校数	在校生数
东城区	61	59,319	9	20,551	32	15,049
西城区	58	84,963	4	27,353	38	18,836
朝阳区	83	142,500	52	36,109	42	12,724
石景山区	28	23,096	20	7,049	13	3,797
海淀区	84	170,238	16	59,629	63	40,671

续表

地区	小学校数	在校生数	初中校数	在校生数	高中校数	在校生数
房山区	108	52,208	37	16,566	12	8,442
通州区	84	67,320	26	17,339	15	8,204
顺义区	49	48,882	20	16,234	13	9,593

数据来源：根据北京市教育发展统计数据整理。

表9　2018年北京市十六区县教育经费投入本年较上年增长情况

地区	本年较上年增长(%)	地区	本年较上年增长(%)
东城区	3.00	通州区	4.29
西城区	-1.48	顺义区	8.44
朝阳区	0.45	昌平区	10.15
石景山区	6.57	大兴区	16.55
海淀区	10.44	怀柔区	18.09
门头沟区	-5.63	平谷区	6.33
房山区	18.79	延庆区	-14.51
丰台区	23.02	密云区	13.65

数据来源：根据北京市教育发展统计数据整理。

表10　2013年-2016年天津市不同层级医疗机构的数量变动(个)

机构类型	2013年	2014年	2015年	2016年
医院	482	522	546	571
基层医疗机构	2,248	2,350	2,437	2,728
其他医疗机构	1,966	2,118	2,239	2,343
总计	4,696	4,990	5,222	5,442

数据来源：根据天津统计公报数据整理。

表 11　2015－2016 年天津市不同层级医疗机构床位数量变动情况（万张）

机构类型	2015 年	2016 年	增长比例
医院	5.56	5.76	3.6%
基层医疗机构	0.70	0.71	1.4%
其他医疗机构	0.11	0.11	——
总计	6.37	6.58	3.3%

数据来源：根据国家统计公报及天津统计公报数据整理。

表 12　不同层级医疗机构的功能定位

机构类型	机构范围	功能定位
三级医疗机构	区域性以上医院	疑难危重症、教学科研
二级医疗机构	地区性医院	一般疑难杂症、常见病、多发病
一级医疗机构	基层医院、卫生院	一般性门诊、康复护理

数据来源：自制整理。

表 13　T 市促进养老服务业发展政策文件

文件名称	发文机关	文件内容
《T 市人民政府关于加快发展养老服务业的实施意见》	市人民政府办公厅（T 政发〔2015〕16 号）	在投融资、土地供应、税费优惠、补贴支持四个政策方面提出了一系列保障措施
《T 市人民政府关于鼓励和支持工业、养老医疗项目发展用地的实施意见》	市人民政府办公厅 2015	规范养老服务事业发展用地提高土地资源利用率
《T 市推进医疗卫生与养老服务相结合的实施意见》	市卫生计生委、市民政局（T 政办字〔2016〕209 号）	推进医疗卫生与养老服务相结合指导性文件
《T 市“十三五”老龄事业和养老体系建设规划》	市人民政府办公厅 2016	“十三五”期间 T 市养老事业整体规划

续表

文件名称	发文机关	文件内容
《关于落实财政支持养老服务体系建设的意见》	市财政局和市民政局(T 财社〔2017〕107 号)	在十二个养老服务领域,如建设、运营、服务等方面给予财政补贴支持

数据来源:根据调研整理。

表 14　受访入住老人满意程度情况

满意度	非常满意	基本满意	不太满意	非常不满
百分比(%)	8.3	55	30	6.7

数据来源:根据调研数据整理。

参考文献

一、中文图书

1. 曹子坚:《农村反贫困战略研究》,甘肃人民出版社2011年版。
2. 陈立中:《住房政策反思》,华中师范大学出版社2015年版。
3. 陈志峰、刘俊秋、王臣昊等:《智慧养老探索与实践》,人民邮电出版社2016年版。
4. 丛树海、郑春荣:《国际社会保障全景图》,江苏人民出版社2015年版。
5. 邓大松:《新农村社会保障体系研究》,人民出版社2007年版。
6. 邓小鹏、李启明、袁竞峰等:《保障性住房的社会化供给》,东南大学出版社2014年版。
7. 杜鹏、米红:《中国农村残疾人及其社会保障研究》,华夏出版社2008年版。
8. 杜为公、杜康:《我国贫困治理效果评估理论与实证研究》,武汉大学出版社2021年版。
9. 方鹏骞:《中国农村贫困人口社会医疗救助制度研究》,科学出版社2008年版。
10. 封进:《人口转变、社会保障与经济发展》,上海人民出版社2005年版。
11. 高晓平、牟民生、周沛:《残疾人发展理论研究》,南京大学出版社 2018 年版。
12. 顾俊礼:《福利国家论析》,经济管理出版社 2002 年版。
13. 顾昕:《社会政策与福利国家建设》,南京大学出版社 2018 年版。
14. 韩克庆:《转型期中国社会福利研究》,中国人民大学出版社 2011 年版。
15. 韩艳:《政府购买居家养老服务质量评估研究》,厦门大学出版社 2020 年版。
16. 何平:《企业改革中的社会保障制度》,经济科学出版社 2000 年版。
17. 胡永霞:《论我国社会保险制度改革》,武汉大学出版社 2020 年版。
18. 黄俊辉:《政府责任视角下的农村养老服务供给研究》,中国政法大学出版社 2020 年版。
19. 江传曾:《新时期残障人口发展与问题研究》,华夏出版社 2019 年版。
20. 姜晓萍、田昭:《基本公共服务均等化》,中国人民大学出版社 2016 年版。
21. 蒋玉宇等:《长期护理保险失能等级评估的理论与实践》,东南大学出版社 2020 年版。
22. 李超:《中国老龄产业发展研究》,中国人民大学出版社 2014 年版。
23. 李若青、赵云合、何灵:《城乡社会保障理论与实践》,云南大学出版社 2021 年版。
24. 李绍光:《深化社会保障改革的经济学分析》,中国人民大学出版社 2006 年版。
25. 李迎生:《中国社会政策的改革与创新》,中国人民大学出版社 2015 年版。
26. 李迎生、厉才茂:《残疾人社会保障理论与实践研究》,华夏出版社 2008 年版。
27. 李珍:《基本养老保险制度分析与评估》,人民出版社 2013 年版。
28. 李珍:《社会保障制度与经济发展》,武汉大学出版社 1998 年版。
29. 刘丹:《中国医疗服务体系资源整合促进策略研究》,重庆大学出版社 2021 年版。
30. 刘绮莉:《中日医疗保障制度的比较研究》,苏州大学出版社 2020 年版。
31. 吕红平、张恺悌等:《中国老幼残疾人与残疾人婚姻研究》,华夏出版社

2008 年版。
32. 吕萍:《中国城乡住房保障与住房市场》,中国人民大学出版社 2020 年版。
33. 吕学静:《典型国家残疾人社会福利制度比较研究》,首都经济贸易大学出版社 2012 年版。
34. 罗哲:《基本公共教育服务均等化绩效测度》,中国人民大学出版社 2017 年版。
35. 马骏:《中国人口老龄化及其政策应对研究》,南京大学出版社 2023 年版。
36. 马岚:《公益性和产业化相结合的养老服务模式研究》,南京大学出版社 2021 年版。
37. 穆怀中:《国民财富与社会保障收入再分配》,中国劳动社会保障出版社 2003 年版。
38. 裴育、史梦昱、徐炜锋:《地方公共养老保障体系发展研究》,南京大学出版社 2021 年版。
39. 蒲晓红:《中国社会保障税税收设计研究》,中国人民大学出版社 2016 年版。
40. 世界银行:《老年保障:中国养老金体制改革》,中国财政经济出版社 1998 年版。
41. 宋宝安:《中国残疾人社会保障与服务体系研究》,中国社会科学出版社 2013 年版。
42. 宋晓梧:《中国社会保障体制改革与发展报告》,中国人民大学出版社 2001 年版。
43. 孙红玉:《中国城镇公办养老机构公私合作制研究》,汉大学出版社 2018 年版。
44. 孙鹃娟、杜鹏:《中国人口老龄化和老龄事业发展报告》,中国人民大学出版社 2016 年版。
45. 唐钧、李敬:《广东省残疾人社会服务体系研究》,研究出版社 2010 年版。
46. 汪三贵:《消除贫困》,中国人民大学出版社 2021 年版。

47. 汪行福:《分配正义与社会保障》,上海财经大学出版社 2003 年版。
48. 王德文、谢良地:《社区老年人口养老照护现状与发展对策》,厦门大学出版社 2013 年版。
49. 王珏、邱卓英:《中国残疾人康复需求分析与发展研究》,华夏出版社 2008 年版。
50. 王林森:《城镇居家养老服务供给能力研究》,南京大学出版社 2019 年版。
51. 王曙光:《社会参与、农村合作医疗与反贫困》,人民出版社 2008 年版。
52. 许伟等:《智能养老服务研究》,湖北人民出版社 2020 年版。
53. 严运楼:《中国社会福利事业研究》,上海社会科学院出版社 2021 年版。
54. 杨波:《智慧居家养老服务质量评价研究》,新华出版社 2019 年版。
55. 杨立雄、兰花:《中国残疾人社会保障制度》,人民出版社 2011 年版。
56. 姚力:《新中国的农村合作医疗》,人民出版社 2019 年版。
57. 易开刚:《现代化养老服务业的发展战略、模式与对策研究》,浙江工商大学出版社 2014 年版。
58. 尹银:《残疾人服务政策研究》,中国人民大学出版社 2015 年版。
59. 于宁:《中国养老金替代率水平研究》,上海财经大学出版社 2009 年版。
60. 袁志刚:《养老保险经济学》,上海人民出版社 2005 年版。
61. 泽仁卓玛、卢然芬:《高校学生资助制度的演进与实践》,四川大学出版社 2018 年版。
62. 张士昌:《社会福利思想》,合肥工业大学出版社 2005 年版。
63. 赵曼:《社会保障制度结构与运行分析》,中国计划出版社 1997 年版。
64. 郑功成:《社会保障学》,商务印书馆 2000 年版。
65. 郑功成:《中国社会保障改革与发展战略》,人民出版社 2008 年版。
66. 郑功成:《中国社会保障制度变迁与评估》,中国人民大学出版社 2003 年版。
67. 郑伟:《中国社会养老保险制度变迁与经济效应》,中国人民大学出版社 2005 年版。
68. 钟仁耀:《养老保险改革国际比较研究》,上海财经大学出版社 2004

年版。
69. 周弘:《福利国家向何处去》,社会科学文献出版社 2006 年版。
70. 周丽婷:《社会公平视域下的我国城市公共住房政策执行力研究》,武汉大学出版社 2020 年版。
71. 周沛:《残疾人社会福利》,山东人民出版社 2013 年版。
72. 周毅:《国际医疗体制改革比较研究》,新华出版社 2015 年版。
73. 朱青:《中国社会保障制度完善与财政支出结构优化研究》,中国人民大学出版社 2010 年版。
74. 朱信凯、彭超:《中国反贫困》,中国人民大学出版社 2018 年版。

二、中文论文

1. 白晨、顾昕:《中国农村医疗救助的目标定位与覆盖率研究》,载《中国行政管理》2015 年第 9 期,第 109 - 114 页。
2. 白华、徐英:《扶贫攻坚视角下高校建档立卡生精准资助探析》,载《国家教育行政学院学报》2017 年第 3 期,第 16 - 21 页。
3. 陈雷:《民办养老机构优惠扶持政策实施评估研究——基于公平性与有效性视角》,载《云南大学学报(社会科学版)》2016 年第 1 期,第 64 - 71 页。
4. 陈雷:《中国机构养老服务从补缺型迈向民享型与发展转变》,载《现代经济探讨》2016 年第 1 期,第 17 - 21 页。
5. 陈玫、孟彦辰:《我国农村长期护理保险制度的构建研究》,载《中国全科医学》2020 年第 21 期,第 2615 - 2620 页。
6. 陈谦:《我国城镇职工基本养老保险补缴制度存在的问题及对策分析》,载《老龄科学研究》2013 年第 4 期,第 48 - 56 页。
7. 陈卓群、周树辉:《城乡一体化进程中农村最低生活保障制度实证研究——以北京郊区为例》,载《当代经济管理》2015 年第 9 期,第 49 - 54 页。
8. 褚湜婧、杨胜慧、段玉珊:《关于农村老年残疾人服务体系的理论思考》,载《理论界》2013 年第 3 期,第 72 - 74 页。
9. 崔树义、田杨:《养老机构发展"瓶颈"及其破解——基于山东省 45 家养老机构的调查》,载《中国人口科学》2017 年第 2 期,第 115 - 125 页。
10. 戴卫东、徐谷雄:《农村医疗救助的扶贫效果及其制约因素的实证研究——基于“国家扶贫改革试验区”丽水市的调查》,载《中国软科学》2020 年第 4 期,第 56 - 69 页。
11. 丁建定、郭林:《论中国养老保险制度结构体系整合》,载《武汉大学学报(哲学社会科学版)》2013 年第 6 期,第 77 - 82 页。
12. 董克用、孙博:《从多层次到多支柱:养老保障体系改革再思考》,载《公共管理学报》2011 年第 1 期,第 8 - 9 页。
13. 杜依琳:《基层医疗机构卫生服务能力的提升研究》,载《中国卫生产业》2018 年第 32 期,第 65 - 66 页。
14. 杜毅、肖云:《扶贫开发政策与农村最低生活保障制度运行衔接研究》,载《西北人口》2012 年第 5 期,第 31 页。
15. 方黎明:《新型农村合作医疗和农村医疗救助制度对农村贫困居民就医经济负担的影响》,载《中国农村观察》2013 年第 2 期,第 80 - 92 页。
16. 房连泉:《养老金替代率研究文献综述》,载《中国社会保障》2013 年第 9 期,第 29 页。
17. 高和荣:《健康治理与中国分级诊疗制度》,载《公共管理学报》2017 年第 2 期,第 139 - 144 页。
18. 高和荣、张爱敏:《论中国事业单位养老保险制度改革方案的完善》,载《北京师范大学学报(社会科学版)》2014 年第 4 期,第 151 - 158 页。
19. 葛霆:《公平视角下企业退休人员养老金调整机制研究》,载《经济问题探索》2013 年第 7 期,第 158 - 162 页。
20. 辜胜阻、吴华君、曹冬梅:《构建科学合理养老服务体系的战略思考与建议》,载《人口研究》2017 年第 1 期,第 3 - 14 页。
21. 韩冰、毛程连:《保障性住房建设的新构想与财政对策》,载《中国行政管理》2012 年第 11 期,第 46 - 49 页。
22. 韩烨:《养老保险双轨制改革的阻力探析与完善对策》,载《中国劳动》2015 年第 2 期,第 67 - 71 页。
23. 何立新:《中国城镇养老保险制度改革的收入分配效应》,载《经济研究》

2007 年第 3 期,第 69 – 70 页。
24. 何伟强:《英国福利国家现代化进程中的教育福利政策变革研究》,载《比较教育研究》2016 年第 9 期,第 66 – 72 页。
25. 侯积菲、张楠、刘伟:《基于公平性视角的城乡居民基本医疗保险制度一体化研究》,载《卫生软科学》2019 年第 8 期,第 26 – 30 页。
26. 胡雯:《城市社区居家养老服务体系的政策网络治理——以政府购买公共服务模式为例》,载《行政管理改革》2023 年第 1 期,第 51 – 59 页。
27. 胡玉琴、徐朝晖:《改革前后城镇职工养老金水平的比较分析》,载《人口与经济》2010 年第 4 期,第 76 – 78 页。
28. 黄闯:《民办养老服务机构运行:自我发展与支持体系》,载《重庆社会科学》2016 年第 2 期,第 66 – 72 页。
29. 黄健元、程亮:《社会支持理论视角下城市民办养老机构发展研究》,载《东南学术》2014 年第 6 期,第 83 – 89 页。
30. 贾丹丹、闻竞:《韩国农村义务教育服务均等化的经验及启示》,载《教学与管理》2018 年第 19 期,第 81 – 83 页。
31. 姜春力:《中国特色长期护理保险制度探索与改进建议》,载《社会治理》2019 年第 10 期,第 28 – 33 页。
32. 姜永宏、黄德鸿:《养老金制度的公平与效率问题》,载《学术研究》2001 年第 6 期,第 68 – 69 页。
33. 景军、吴涛、方静文:《福利多元主义的困境:中国养老机构面临的信任危机》,载《人口与发展》2017 年第 5 期,第 66 – 73 页。
34. 景天魁:《底线公平与社会保障的柔性调节》,载《社会学研究》2004 年第 4 期,第 116 – 118 页。
35. 康华、庄晓惠:《我国养老机构的问题与对策研究》,载《东南大学学报(哲学社会科学版)》2016 年第 S1 期,第 100 – 101 页。
36. 雷玉明、曹博:《公共服务型政府视野中城市社区养老合作共治模式》,载《华中农业大学学报:社会科学版》2013 年第 4 期,第 113 – 118 页。
37. 李卫华:《政府在老年人社区照顾中的责任定位》,载《浙江学刊》2012 年第 5 期,第 13 – 18 页。

38. 李文清:《农村老年残疾人的养老困境及对策——以山西为例》,载《山西高等学校社会科学学报》2011 年第 10 期,第 23 – 27 页。

39. 李瑛、蔡声霞、任珺楠:《城市基础教育财政投入均等化的测量与影响因素——基于天津的实证》,载《城市发展研究》2018 年第 3 期,第 112 – 117 页。

40. 李迎生:《对中国城市社区服务发展方向的思考》,载《河北学刊》2009 年第 1 期,第 134 – 138 页。

41. 李迎生、李文静:《保障性住房建设与社会管理创新》,载《河北学刊》2012 年第 4 期,第 111 页。

42. 李振刚:《我国农村最低生活保障制度目标定位机制的反思——从家计调查到类别身份》,载《广东社会科学》2016 年第 2 期,第 194 – 205 页。

43. 李志培、肖敏:《职工医疗互助缓解重特大疾病风险的功能及发展走势》,载《中国医疗保险》2013 年第 2 期,第 39 – 40 页。

44. 李志荣、魏仁敏、徐媛、张辉、张敏:《供给侧视角下的分级诊疗制度探讨》,载《中国卫生经济》2018 年第 2 期,第 14 – 17 页。

45. 梁冰华、黄李凤、张新花:《健康中国战略背景下我国医疗机构服务能力现状分析》,载《中国农村卫生事业管理》2020 年第 12 期,第 858 – 863 页。

46. 刘丽丽、高祺阳、吴方园等:《"十三五"期间我国基层医疗机构卫生服务能力研究》,载《中国初级卫生保健》2022 年第 1 期,第 16 – 19 页。

47. 刘晓静、张向军、谢秋实:《京津冀协同发展视域下河北省养老服务面临挑战及发展建议》,载《河北大学学报(哲学社会科学版)》2019 年第 1 期,第 139 – 145 页。

48. 刘笑、闵锐:《基层医疗卫生机构医疗服务能力态势分析及提升对策研究》,载《中国医院》2020 年第 7 期,第 25 – 28 页。

49. 刘益梅:《人口老龄化背景下社会化养老服务体系的探讨》,载《广西社会科学》2011 年第 7 期,第 100 – 104 页。

50. 柳拯:《全国农村医疗救助工作现状、问题与思路》,载《社会福利》2004 年第 10 期,第 34 页。

51. 龙玉其:《我国公务员养老保险制度改革的难点及其突破》,载《理论导刊》2014 年第 3 期,第 4 – 7 页。

52. 龙玉其:《政府购买服务助推民办非营利性养老机构发展》,载《人民论坛》2017 年第 12 期,第 76 – 77 页。

53. 卢倩:《公务员养老保险改革国际趋势及对中国启示》,载《社会保障研究》2014 年第 3 期,第 99 – 104 页。

54. 卢守亭:《养老服务社会化的困境与出路》,载《中国老年学杂志》2011 年第 6 期,第 1070 – 1071 页。

55. 卢自华:《中国转型期养老保险分配效应研究》,载《经济体制改革》2002 年第 6 期,第 11 – 12 页。

56. 罗津:《深度老龄化背景下城市社区居家养老的治理机制》,载《上海交通大学学报(哲学社会科学版)》2021 年第 4 期,第 63 – 70 页。

57. 罗晓晖:《县域建立长期照护保险制度的经验探索与思考》,载《中国保险》2019 年第 8 期,第 45 – 48 页。

58. 马朵朵:《社区居家养老服务可及性及其影响因素——基于两省五市调研数据的实证分析》,载《社会保障研究》2023 年第 2 期,第 33 – 46 页。

59. 马朵朵、封铁英:《不患寡而患不均:社区居家养老服务公平性解构与提升》,载《经济社会体制比较》2023 年第 1 期,第 67 – 78 页。

60. 梅仕城:《统筹机关事业单位养老保险制度改革》,载《唯实》2020 年第 5 期,第 35 – 37 页。

61. 穆怀中:《社会保障的利益激励机制》,载《中国社会保障》2003 年第 4 期,第 77 – 79 页。

62. 欧新煜:《保险公司投资养老社区的策略选择》,载《保险研究》2013 年第 1 期,第 119 – 127 页。

63. 彭浩然、申曙光:《改革前后中国养老保险制度的收入再分配效应比较研究》,载《统计研究》2007 年第 2 期,第 125 – 126 页。

64. 彭艳芳:《国内城市居家养老的研究综述》,载《社会工作》2010 年第 3 期,第 11 页。

65. 祁峰:《我国城市居家养老研究与展望》,载《经济问题探索》2010 年第 11

期，第 119 页。

66. 秦嵘：《新型农村合作医疗制度的补偿机制探析》，载《经济师》2013 年第 2 期，第 110 – 112 页。

67. 秦小红：《完善我国农村社会保障制度的思考》，载《当代财经》2005 年第 9 期，第 53 – 57 页。

68. 曲绍卫、汪英晖：《高校大学生资助政策成效、问题及精准资助建议》，载《当代教育科学》2017 年第 7 期，第 89 – 92 页。

69. 饶克勤：《健康中国战略与分级诊疗制度建设》，载《卫生经济研究》2018 年第 1 期，第 4 – 6 页。

70. 任杨、朱宇、关博文：《社区居家养老服务中的政府作用》，载《学习与探索》2022 年第 9 期，第 16 – 26 页。

71. 申曙光、魏珍：《老龄化背景下的中国养老保险制度与体系：挑战与抉择》，载《教学与研究》2013 年第 8 期，第 5 – 12 页。

72. 孙涛：《政府责任、财政投入与基本公共教育均等》，载《财政研究》2015 年第 10 期，第 26 – 32 页。

73. 唐名阳、陈奕云、刘艳芳、陈龙、张翔晖：《宁波市基本教育设施均等化研究》，载《现代城市研究》2018 年第 5 期，第 24 – 32 页。

74. 唐胜春、吴强、张文利：《城镇企业职工基本养老保险补缴问题的思考》，载《就业与保障》2010 年第 7 期，第 27 – 28 页。

75. 陶纪坤、黎梦琴：《农村最低生活保障制度的再分配效应研究》，载《社会工作》2021 年第 4 期，第 79 – 92 页。

76. 童翎、洪业应：《从“碎片化”困境看农村医疗救助扶贫的政策调整》，载《山东社会科学》2017 年第 9 期，第 89 – 94 页。

77. 万杰：《我国养老社区的运营模式及面临的问题》，载《经济研究参考》2016 年第 42 期，第 40 – 41 页。

78. 王静：《北京社会化居家养老问题与对策研究》，载《人口与经济》2012 年第 3 期，第 65 – 69 页。

79. 王君昌：《社会支持网络视角下农村老年社会福利实践研究》，载《社会福利（理论版）》2018 年第 3 期，第 11 – 14 页。

80. 王俐、贾曦:《新时代高校学生精准资助工作的实践与探索》,载《教育评论》2018 年第 5 期,第 63 – 65 页。

81. 王莉莉:《中国城市地区机构养老服务业发展分析》,载《人口学刊》2014 年第 4 期,第 83 – 92 页。

82. 王娜:《实现高校精准资助面临的问题及其解决路径》,载《思想理论教育》2018 年第 7 期,第 102 – 105 页。

83. 王平、王佳:《城乡居民医保制度整合的逻辑、效果和优化建议》,载《财经问题研究》2020 年第 11 期,第 138 – 145 页。

84. 王倩、毕红霞:《我国农村最低生活保障标准研究》,载《调研世界》2016 年第 10 期,第 7 – 12 页。

85. 王桥:《我国养老机构发展中存在的问题及对策思考》,载《湘潭大学学报(哲学社会科学版)》2016 年第 6 期,第 22 – 25 页。

86. 王清波、胡佳、代涛:《建立分级诊疗制度的动力与阻力分析——基于利益相关者理论》,载《中国卫生政策研究》2016 年第 4 期,第 9 – 15 页。

87. 王庆、于保荣:《中国长期照护保险制度试点分析及未来发展的政策建议》,载《卫生经济研究》2021 年第 2 期,第 3 – 7 页。

88. 王三秀:《可持续生计视角下我国农村低保与扶贫开发的有机衔接》,载《宁夏社会科学》2010 年第 4 期,第 73 页。

89. 王思斌:《我国城市社区福利服务的弱可获得性及其发展》,载《吉林大学社会科学学报》2009 年第 1 期,第 133 – 139 页。

90. 王婷:《论大数据在高校精准资助工作中的运用》,载《学校党建与思想教育》2018 年第 14 期,第 64 – 66 页。

91. 王晓军、康博威:《我国社会养老保险制度的收入再分配效应分析》,载《统计研究》2009 年 11 期,第 32 – 35 页。

92. 吴晓林:《中国五保养老的制度转型与科学发展》,载《人口与发展》2009 年第 3 期,第 92 – 100 页。

93. 武玉宁:《医疗救助制度的国际比较》,载《社会保障研究》2006 年第 12 期,第 3 页。

94. 夏珺、李春根:《农村最低生活保障中央财政转移支付的均等化效应》,载

《财政研究》2018 年第 2 期,第 95 – 106 页。
95. 向晶、张玉华、高文书:《保障性住房制度改革:进展、问题与建议》,载《中州学刊》2015 年第 7 期,第 66 – 71 页。
96. 肖传江、廖海亚:《中国城镇养老保险制度:历史评析、现实问题与解决思路》,载《保险研究》2012 年第 10 期,第 103 – 112 页。
97. 解垩:《中国农村最低生活保障:瞄准效率及消费效应》,载《经济管理》2016 年第 9 期,第 173 – 185 页。
98. 谢莉琴、秦盼盼、高星、陈荃、胡红濮:《中国城乡居民基本医疗保险制度发展历程、挑战与应对策略》,载《中国公共卫生》2020 年第 12 期,第 1673 – 1676 页。
99. 谢瑞武:《成都市系统构建大病保障体系的探索与思考》,载《中国医疗保险》2016 年第 7 期,第 25 – 27 页。
100. 杨成波:《农村低保制度与农村扶贫开发政策衔接问题探析》,载《农业现代化研究》2012 年第 1 期,第 38 页。
101. 杨春:《对推进居家养老服务可持续发展的思考》,载《人口学刊》2010 年第 6 期,第 42 页。
102. 杨良初、施文凯:《我国社区居家养老服务改革:实践、挑战与建议》,载《地方财政研究》2022 年第 9 期,第 84 – 91 页。
103. 杨晓冬:《面向用户满意的养老社区服务体系构建》,载《中国软科学》2016 年第 3 期,第 175 – 183 页。
104. 杨晓楠:《养老服务社会化改革的困境与对策》,载《东北师大学报(哲学社会科学版)》2013 年第 3 期,第 54 – 57 页。
105. 杨宜勇、谭永生:《全国统一社会保险关系接续研究》,载《宏观经济研究》2008 年第 4 期,第 11 – 13 页。
106. 姚兴安、朱萌君:《城市老年人社区居家养老服务满意度及影响因素研究》,载《中国卫生事业管理》2021 年第 7 期,第 496 – 498 页。
107. 袁园:《国外公务员养老保险制度对我国机关事业单位养老保险制度改革的启示》,载《领导科学论坛》2017 年第 23 期,第 27 – 29 页。
108. 袁志刚:《中国养老保险体系选择的经济学分析》,载《经济研究》2001

年第 1 期,第 54 – 56 页。

109. 张春玲:《社会化居家养老现状分析与研究——以河北省为例》,载《改革与开放》2012 年第 5 期,第 36 – 37 页。

110. 张国平:《我国贫困人口医疗救助研究综述》,载《宁夏社会科学》2007 年第 1 期,第 54 页。

111. 张军:《重大疾病医疗互助撑起职工生命"保护伞"》,载《工会信息》2013 年第 12 期,第 38 – 39 页。

112. 张亮:《社会支持理论视角下农村老年残疾人保障体系建构》,载《当代经济》2017 年第 12 期,第 127 – 129 页。

113. 张乃亭:《中国农村最低生活保障适度水平与支付能力研究》,载《山东社会科学》2015 年第 7 期,第 142 – 147 页。

114. 张琪:《保障房的准入与退出制度研究:一个国际比较的视角》,载《社会科学战线》2015 年第 6 期,第 68 – 73 页。

115. 张奇林、赵青:《我国社区居家养老模式发展探析》,载《东北大学学报》2011 年第 5 期,第 416 页。

116. 张倩:《论公务员养老保险制度的改革》,载《西华大学学报(哲学社会科学版)》2016 年第 1 期,第 58 – 62 页。

117. 张骞文:《新时代高校学生资助工作的理论诠释、基本特征与实践路径探析》,载《思想教育研究》2018 年第 5 期,第 123 – 126 页。

118. 张小曼、李焕、王素冬、纪桂英、邢凤梅:《唐山市养老机构设施及服务现状》,载《中国老年学杂志》2016 年第 20 期,第 5175 – 5176 页。

119. 张盈华:《关于保险业参与养老服务业的再思考》,载《老龄科学研究》2016 年第 11 期,第 13 – 20 页。

120. 张远航:《论高校家庭经济困难学生的"精准资助"》,载《思想理论教育》2016 年第 1 期,第 108 – 111 页。

121. 赵浩华:《需要理论视角下社区居家养老困境及治理对策》,载《学习与探索》2021 年第 8 期,第 50 – 55 页。

122. 郑功成:《深化中国养老保险制度改革顶层设计》,载《教学与研究》2013 年第 12 期,第 12 – 22 页。

123. 郑霁鹏：《义务教育福利供给中的社会责任》，载《当代教育科学》2016年第23期，第26－29页。

124. 郑伟：《养老保险制度改革：规则、方向与问题》，载《市场与人口分析》2006年第2期，第65－67页。

125. 周驰：《美国持续照料退休社区的健康管理模式及启示》，载《中国老年学杂志》2013年第37期，第518－519页。

126. 周昆、袁丹：《学习券制度：高校贫困学生精准资助的新途径》，载《教育发展研究》2018年第11期，第27－33页。

127. 周亮：《巨鹿：探索县级医养结合的改革样本》，载《中国社会工作》2018年第26期，第18－19页。

128. 朱凤梅：《民办养老机构"低入住率"的原因分析：来自市、县两级的证据》，载《人口学刊》2019年第1期，第89－100页。

129. 朱孔来、李励：《中国保障房建设管理的主要问题及改革建议》，载《理论学刊》2015年第11期，第83－88页。

三、英文论文

1. B C G, E M H. State preemption and affordable housing policy[J]. Urban Studies, 2023, 60(6).

2. Bephyer P. Well – being among older persons with disabilities in Trinidad. [J]. Health & social care in the community, 2021, 30(4).

3. Brianna O, Günther F, August K, et al. Investigating sustainability challenges for the National Health Insurance Fund in Tanzania: a modelling approach. [J]. BMJ open, 2023, 13(8).

4. C A. Sustainability of the government policy on social housing construction in South Africa: the emerging issues[J]. IOP Conference Series: Earth and Environmental Science, 2023, 1176(1).

5. Chen W, Guo X. Actuarial Study of Career Pensions – A Case Study of Universities[J]. Financial Engineering and Risk Management, 2022, 5(7).

6. Cheng K C, Qiang L, Chengsheng J, et al. The influence of social and com-

mercial pension insurance differences and social capital on the mental health of older adults—Microdata from China [J]. Frontiers in Public Health, 2022, 1(10).

7. Claire H, Jenny C, Ruth W, et al. What Quality - of - Life Dimensions Are Most Important to Older Adults from Culturally and Linguistically Diverse Backgrounds Receiving Aged Care Services? An Exploratory Study[J]. Geriatrics, 2022, 7(6).

8. Clare L, Caitlin R. To what extent do Australian child and youth health, and education wellbeing policies, address the social determinants of health and health equity?: a policy analysis study[J]. BMC Public Health, 2022, 22(1).

9. Devaraj A, Bahadur K T, Bhagawoti S, et al. Causes of dropout from health insurance program: An experience from Lumbini Province, Nepal[J]. Dialogues in Health, 2023, 1(3).

10. Dongliang Y, Zhichao R, Ge Z. The impact of pension insurance types on the health of older adults in China: a study based on the 2018 CHARLS data. [J]. Frontiers in public health, 2023, 1(1).

11. Erdem Y, Fuat M K, Ali B. Political Determinants of Social Assistance Policies: A Critical Global Comparative Systematic Literature Review[J]. Journal of Comparative Policy Analysis: Research and Practice, 2023, 25(2).

12. Femminis G, Piccirilli G. Public information, education and welfare[J]. Economia Politica: Journal of Analytical and Institutional Economics, 2020, 37(1).

13. G M M. The impact of health insurance enrollment on health outcomes in Kenya. [J]. Health economics review, 2023, 13(1).

14. Guogui H, Fei G, Gong C. Utilization of Home -/Community - Based Care Services: The Current Experience and the Intention for Future Utilization in Urban China[J]. Population Research and Policy Review, 2023, 42(4).

15. Han Y, Zhijun Y, Lin J, et al. The impact of team diversity on physician teams' performance in online health communities[J]. Information Processing and Management, 2021, 58(1).

16. Hancock R, Morciano M, Pudney S. Public Support for Older Disabled People: Evidence from the English Longitudinal Study of Ageing on Receipt of Disability Benefits and Social Care Subsidy[J]. Fiscal Studies, 2019, 40(1).

17. Hanna V, Devolder P. Optimal Choice between Defined Contribution and Cash Balance Pension Schemes: Balancing Interests of Employers and Workers[J]. Risks, 2023, 11(7).

18. Hong L, Jinqiu M, Liqiu Z. Public long - term care insurance and consumption of elderly households: Evidence from China[J]. Journal of Health Economics, 2023, 1(90).

19. Hyeonjong J, DongHwa L, Young D C. Surplus Optimization in Defined Benefit Pensions Using the Regime - Switching Model: Occupational Pension Plans in South Korea[J]. Asia - Pacific Journal of Financial Studies, 2022, 51(5).

20. Jason H. Smart Elderly Care Services in China: Challenges, Progress, and Policy Development[J]. Sustainability, 2022, 15(1).

21. Jinghua S, Peng C, Zhaoxu L. Social Security, Intergenerational Care, and Cultivated Land Renting Out Behavior of Elderly Farmers: Findings from the China Health and Retirement Longitudinal Survey[J]. Land, 2023, 12(2).

22. Jingyi W, Lifei G, Guojun W, et al. The impact of internet use on old - age support patterns of middle - aged and older adults[J]. Frontiers in Public Health, 2023, 1(10).

23. Katarina A, Maria S. Swedish eldercare within home care services at night - time: perceptions and expressions of 'good care' from the perspective of care workers and care unit managers[J]. Nordic Social Work Research, 2022, 12(5).

24. Kohei H, Teruomi T, Tetsuo N. Associations between long - term care - service use and service - or care - need level progression: a nationwide cohort study using the Japanese Long - Term Care Insurance Claims database

[J]. BMC Health Services Research, 2023, 23(1).

25. Laura C, Tiina P, Salla R, et al. Managers' Perspectives of Quality of Care in Service Housing and Home Care Services: A Qualitative Study[J]. Gerontology and Geriatric Medicine, 2022, 1(8).

26. M. E F, Kelley A, Annie W, et al. Aligning social and health care services: The case of Community Care Connections[J]. Preventive Medicine, 2021, 1(43).

27. Naoki I, Thomas R. Controlling Spending For Health Care And Long – Term Care: Japan's Experience With A Rapidly Aging Society. [J]. Health affairs (Project Hope), 2023, 42(6).

28. Paredes V S K, Paredes V X G. Policies and Mechanisms of Public Financing for Social Housing in Peru[J]. Sustainability, 2023, 15(11).

29. Polly Y, Mary B. Quality of life among older people with a disability: the role of purpose in life and capabilities[J]. Disability and Rehabilitation, 2021, 43(2).

30. Qin S, Zhang L. The impact of community care services on older people's psychological health: an empirical study in Liaoning Province, China[J]. Frontiers in Public Health, 2023, 1(11).

31. R. M. K. M. R, B. H. J. P. Evaluating the efficiency of factors influencing valuation of residential buildings: A priority weight – based model[J]. Case Studies in Construction Materials, 2023, 1(19).

32. Rongli G, Haoyan W. A Study of Community – based Elderly Care Services for Older People from a Social Support Perspective[J]. Academic Journal of Humanities & Social Sciences, 2023, 6(11).

33. Sarmila D, Mahesh P, Preeti G, et al. Impacts of Protecting Life in Global Health Assistance policy in Nepal: a qualitative study[J]. Health research policy and systems, 2023, 21(1).

34. SooK I L, Youn J P, Mi Y K. "A Study on the Participation Experience of Practitioners in Educational Welfare Service: Focused on the Difficulties in

Operating these Services" [J]. Journal of Public Policy Studies, 2019, 35 (2).

35. Sujiao L, Mengcheng Z, Wenhao L. Research on the impact of population aging and endowment insurance on household financial asset allocation – Evidence on CFPS data[J]. Finance Research Letters, 2023, 5(4).

36. SunJin K, Hyunjong S. Institutional and individual factors associated with functional outcomes in nursing home residents under long – term care insurance in Korea: A multilevel analysis. [J]. Geriatric nursing (New York, N. Y.), 2023, 1(52).

37. Tonie S, Kevin Y, Daniel B, et al. State Medicaid Policy and LTC: A Multi – State Qualitative Study of Policy Influence on Caregiver Experiences[J]. Innovation in Aging, 2021, 5(Supplement1).

38. Wang N, Chen S. The Impact of Vocational Education Financial Aid Policy on Employment Quality of Students Based on Structural Equation Model [J]. Social Security and Administration Management, 2023, 4(1).

39. Ximin R, Cheng T, Hui Z. Target benefit pension plan with longevity risk and intergenerational equity[J]. ASTIN Bulletin, 2023, 53(1).

40. Ying H, Chuanhai X, Liangwen Z, et al. Expenditure projections for community home – based care services for older adults with functional decline in China[J]. International Journal for Equity in Health, 2023, 22(1).

41. Yoko S, Erika K, Taro F, et al. Trends in Informal and Formal Long – Term Care Use Among Older Adults With Disabilities in Japan[J]. Innovation in Aging, 2021, 5(Supplement1).

42. Youseung S, Youngsang K, Ducksu S. Rethinking developmental state intervention in the housing supply of a transitional economy: Evidence from Hanoi, Vietnam[J]. Land Use Policy, 2023, 1(32).

43. Yun M, Kim S W. Building a welfare system through bounded learning: A case of Korean long - term care insurance[J]. Asian Politics & Policy, 2023, 15(3).

后　记

本书为国家社会科学基金一般项目（批准号19BSH182）阶段性研究成果。开展京津冀社会保障体系高质量发展研究是一项光荣而艰巨的任务。本研究有助于保障和改善民生、维护社会公平、实现全民共享社会发展成果，对于发展具有中国特色的多层次社会保障体系、促进京津冀区域公共服务均等化、落实和完成全面建设社会主义现代化国家的目标与任务具有重要意义。在书稿完成之际，我要向所有给予我帮助的人致以最诚挚的谢意！感谢课题组成员的大力支持与配合！感谢高玲玲、张萌、冯也、马尚伟、许娜、刘晴、李迎鑫、甄奕婷、刘兆宇、赵如薇、田梦婷、卢玉冰、屈东、张孟瑶、王爱、陈文宏等同志参与了实地调研及相关资料整理工作。感谢好友们多年来的鼓励与支持！感谢单位领导和同事们对我的支持与帮助！需要感谢的名单很长，在此难以逐一列出，千言万语道不尽我对你们的感激！我将继续奋力前行以回馈此种深情厚爱，谨以此书献给你们！